Suzie Chouinard

Aime-toi et la vie t'aidera !

Suzie Chouinard

Aime-toi et la vie t'aidera !

Éditions Vie

Impressum / Mentions légales
Alle in diesem Buch genannten Marken und Produktnamen unterliegen warenzeichen-, marken- oder patentrechtlichem Schutz bzw. sind Warenzeichen oder eingetragene Warenzeichen der jeweiligen Inhaber. Die Wiedergabe von Marken, Produktnamen, Gebrauchsnamen, Handelsnamen, Warenbezeichnungen u.s.w. in diesem Werk berechtigt auch ohne besondere Kennzeichnung nicht zu der Annahme, dass solche Namen im Sinne der Warenzeichen- und Markenschutzgesetzgebung als frei zu betrachten wären und daher von jedermann benutzt werden dürften.

Toutes marques et noms de produits mentionnés dans ce livre demeurent sous la protection des marques, des marques déposées et des brevets, et sont des marques ou des marques déposées de leurs détenteurs respectifs. L'utilisation des marques, noms de produits, noms communs, noms commerciaux, descriptions de produits, etc, même sans qu'ils soient mentionnés de façon particulière dans ce livre ne signifie en aucune façon que ces noms peuvent être utilisés sans restriction à l'égard de la législation pour la protection des marques et des marques déposées et pourraient donc être utilisés par quiconque.

Coverbild / Photo de couverture: Provided by the author

Verlag / Editeur:
Éditions Vie
ist ein Imprint der / est une marque déposée de
IBMS Ltd., member of OmniScriptum Publishing Group
17 Meldrum Street, Beau Bassin 71504, Mauritius
Email: info@omniscriptum.com

Herstellung: siehe letzte Seite /
Impression: voir la dernière page
ISBN: 978-3-330-72148-7

Se choisir, c'est Revivre

Aime-toi et la vie t'aidera !

Suzie Chouinard
N.D. Naturothérapeute

Suzie Chouinard, N.D. Naturothérapeute
Se choisir, c'est revivre !

Graphisme : Anthony Chiu
Correction et révision des textes : Joëlle Genois, Sylvie Bouchard

Ce livre est disponible à l'adresse suivante : Clinique Santé Alimentation Revivre
11371, boul. Valcartier Québec, Québec, Canada
G2A 2M4
Téléphone : 418 948-8888 www.alimentation-revivre.com

Témoignages

Vous trouverez dans ce livre quelques témoignages que j'ai reçus au cours des années. Ils représentent pour moi une grande source de fierté et de réussite. Tous ces gens qui ont pris le temps de m'écrire ces mots sont la raison pour laquelle j'exerce ce métier avec autant de passion et de bonheur. Ils sont la source à laquelle je m'abreuve.
Je remercie de tout cœur ceux et celles qui ont pris le temps de me les faire parvenir. Je vous invite à consulter tous les autres témoignages présentés sur mon site Internet.
Il est possible que certains témoignages n'aient été reproduits qu'en partie ou que de légères modifications y aient été apportées et cela dans le but de se conformer aux normes de rédaction et d'édition en vigueur. Vous pouvez lire l'intégralité des témoignages sur le site alimentationrevivre.com

Notes au lecteur

- Ce livre se distingue de plusieurs façons, notamment en utilisant le tutoiement. N'y voyez aucune marque d'irrespect ou d'impolitesse mais simplement la volonté de toucher directement votre cœur.
- Les citations reproduites dans ce livre ont été sélectionnées en fonction de leur signification individuelle et ne témoignent en rien de l'adhésion de Suzie Chouinard envers leurs auteurs ni aux groupes auxquels ils appartiennent.
- La forme masculine a été employée dans ce livre afin d'en faciliter la lecture.

Une murale du sculpteur Jordi Bonet couvre tout un pan de mur du Grand Théâtre de Québec. Une phrase du poète Claude Péloquin y est gravée.

Ce livre est un document de référence. Si vous avez des problèmes de couple, référez-vous à la page 190. Si vous avez un problème avec les animaux de compagnie, référez-vous à la page 214. Si vous avez un problème d'équilibre, référez-vous à la page 159. Si vous croyez n'avoir aucun problème, appelez directement à la Clinique Santé Alimentation Revivre au 418 948-8888 ! Si vous n'êtes pas en accord avec un énoncé de ce livre, c'est que c'est la chose que vous devez travailler !

Table des matières

Parcours de l'auteur

Suzie Chouinard, N.D. Naturothérapeute

Spécialiste en perte de poids émotionnel, je m'intéresse à la santé globale et à tout ce qui s'y rapporte, notamment la thérapie nutritionnelle (*alimentation et supplémentation*) qui vise à aider les gens à recouvrer la santé et un poids équilibré. Depuis 2003, je suis propriétaire de la Clinique Santé Alimentation Revivre. Je possède plusieurs cordes à mon arc grâce à diverses formations notamment en médecine orthomoléculaire, biothérapie, homéopathie, diététique sportive, iridologie (*charte des émotions*), « coaching » de vie, « coaching » métaphysique, visionnement sanguin, reiki, EFT et biologie. Je suis membre de l'Académie des Naturopathes et Naturothérapeutes (*ANN*) et qualifiée à titre de fournisseur en santé et sécurité au travail par la CSST.

Mais avant tout, je suis une femme avec un cœur d'enfant. Naturellement curieuse, je veux tout savoir et tout comprendre. À travers mes consultations individuelles, j'ai trouvé réponses à mes interrogations. Aujourd'hui, enfin, j'ai lâché prise et je fais confiance à la vie. En fait, je me définis comme une personne qui était grandement malade et qui s'est guérie par elle-même. C'est ainsi, qu'aujourd'hui, je sais comment aider les autres à se guérir par eux-mêmes.

Mon don, mes intérêts

La santé représente le positif, l'amour, la joie et la confiance dans la vie. Les problèmes de poids et les malaises physiques, quant à eux, représentent ce que ton corps et ton cœur vivent et retiennent.

Le jour où j'ai enfin atteint l'équilibre entre l'esprit, l'âme et le corps, mes émotions ont remplacé ma logique. À toutes questions, je « ressentais » une réponse. En me faisant de plus en plus confiance, ce don s'est avéré plus clair et plus facile à utiliser.

En raffinant mon écoute, des éclaircissements me venaient à l'esprit très facilement. Au fil des consultations et de la pratique quotidienne, par les commentaires et les questionnements, j'ajoutais des éléments de confirmation. En fait, je mettais de nouveaux outils dans mon coffre. Et plus ce coffre grossissait et plus j'avais envie de le partager avec les autres car je ne crois pas que nous soyons sur terre pour être malades et en surpoids.

Ce procédé d'écoute me permet d'aider un grand nombre de personnes désirant parfaire leur épanouissement, et ce, en peu de temps. Avec ce don, je m'ouvre à un monde nouveau, positif et créatif. Guidée par la simplicité, j'utilise ce talent, cette force, pour aider les gens à s'aimer et donc à « amincir » et recouvrer la santé.

Parallèlement, j'ai développé une passion pour l'alimentation, les suppléments et les nutriments. Je les ai étudiés durant des années. Je connais leurs bases comme le fond de ma poche et tous les effets qu'ils peuvent avoir sur le corps. Je sais comment les utiliser et en tirer le meilleur parti pour chaque besoin que le corps manifeste : voilà pourquoi j'ai décidé de trouver des laboratoires pour fabriquer mes propres formules. J'en fais mes alliés dans la guérison du corps. La terre nous fait cadeau d'une nature remplie de plantes et d'herbes. Il suffit de bien les utiliser, ils sont là pour nous. Servons-nous et offrons le meilleur à notre corps.

Ma philosophie de traitement

« Guérir » plutôt que « soigner » et soulager. Vivre au lieu de survivre.

Mes plus grandes forces sont de ressentir, de comprendre et d'être empathique envers les autres, donc je ne peux qu'être un guide pour toi. Toujours en ayant une écoute des plus attentive et sans jugement, je cible les blocages émotifs, j'explique ma vision sur différents aspects de la vie et sur la façon de vivre et d'évoluer à travers eux.

J'ai aidé des milliers de personnes à recouvrer la santé et à atteindre un poids équilibré grâce à une méthode originale et simple. J'aide les gens en leur offrant des outils et des défis pratiques qui leur permettent de vivre leur vie en étant plus « enracinés » dans leur identité.

En plus d'être une conseillère avisée, je supporte et je redonne confiance, énergie et amour tout au long de la démarche.

Il n'est pas question de miracle mais seulement de ce que j'appelle « le gros bon sens ». Pourquoi les gens me comprennent ? Parce que je ne lésine pas avec les détails, je dis ce que je ressens, je fonce et je dis carrément ce à quoi les gens doivent faire face. Je ne passe pas par plusieurs chemins, je ne prends aucun détour de courtoisie ou de forme, mon langage est franc et direct. Je vulgarise au maximum les idées que j'ai en tête afin qu'elles soient comprises.

Mon rôle n'est pas toujours facile. Je dois parfois revêtir le manteau du parent ou celui du professeur. Je dois comprendre et même, parfois, subir des injures. Il faut souvent quelques séances et beaucoup d'humilité pour que les gens abaissent enfin leurs gardes. Je pourrais me comparer à un professeur qui ne met pas de gants blancs pour vous montrer vos faiblesses et qui vous pousse tellement à l'extrême que votre orgueil vous force finalement à évoluer. Avant que les gens comprennent vraiment l'essence du procédé que j'utilise, ils sont parfois perplexes, frustrés et complètement déstabilisés. Mais je continue, car inévitablement, peu importe le temps qu'ils prennent, ils se rendent compte qu'ils n'ont pas d'autres choix que de faire face à eux-mêmes. Ils se rendent bien compte qu'ils ne peuvent plus rebrousser chemin, qu'ils doivent finalement affronter ce qu'ils fuyaient, ce qu'ils cachaient. Leur boîte de Pandore a été ouverte et elle ne veut plus se refermer.

Et, en tant que thérapeute, lorsque je constate de l'importance des résultats atteints, j'ai ma récompense.

Ce que tu trouveras dans ce livre, tu l'as probablement déjà lu ou entendu quelque part, mais l'as-tu vraiment réalisé, mis en pratique et associé à ton vécu ? Ce que je veux te donner c'est le mode d'emploi pour réussir. Tout le monde connait les principes, mais comment les appliquer, ça c'est une autre question. Il y a une grosse différence entre le savoir et le vivre. C'est pourquoi je répète souvent les mêmes mots ou phrases, afin qu'ils imprègnent ton esprit et qu'ils deviennent TES réflexes. Ce livre, garde le précieusement, car tu seras inévitablement appelé à le consulter à divers moments de ta vie.

« J'entends et j'oublie, je vois et je me souviens, je fais et je comprends. »

Confucius

Un cordonnier bien chaussé

Les outils et défis que je suggère sont ceux que j'ai d'abord utilisés et appliqués dans ma propre vie pour devenir ce que je suis aujourd'hui : Un « cordonnier bien chaussé ». Mes principes de base se traduisent ainsi : Je sais comment prendre soin de moi, je peux donc t'expliquer comment prendre soin de toi. Je connais le langage du corps, je peux donc te l'apprendre. Je m'écoute, je peux donc t'enseigner l'écoute, je m'aime donc je peux t'apprendre à t'aimer.

Ma vie n'a pas toujours été facile. J'ai été très souffrante. J'ai vécu plusieurs situations difficiles et subi beaucoup d'épreuves. Mais, aujourd'hui, je suis guérie ! Tout est possible, j'en suis la preuve vivante!

Je prône donc l'équilibre dans tous les aspects de la vie. Je peux t'aider dans toutes les sphères de ta vie, que ce soit au sujet des malaises physiques, des émotions, du surpoids, de l'amour, du couple, de la sexualité, des enfants, de l'abondance, de l'argent, de la loi d'attraction, etc.

Pourquoi suivre mes conseils ? Parce qu'ils sont efficaces. Pourquoi sont-ils efficaces ? Parce que je les ai d'abord pratiqués et expérimentés. Pourquoi les gens ont-ils confiance en mes conseils ? Parce qu'en les suivant, ils atteignent leurs buts : le bien - être dans leur corps physique, l'amour de soi, l'amour de la vie, l'harmonie, le bonheur! Joins-toi à toutes ces personnes qui ont appris à aimer la vie. C'est à ton tour d'y croire !

Ton corps essaie de te parler. As-tu besoin d'être un peu plus éclairé sur son mode de communication ? Après tout, n'est-ce pas lui qui a mis ce livre entre tes mains ?

À toi de lire. À toi de REVIVRE

Mot de l'auteur

Mon travail, c'est ma passion.

Les services que j'offre ne font pas partie d'un marché de compétition. Ce ne sont pas des services « ordinaires ». La plupart des services sur l'évolution personnelle sont offerts sous forme de conférences, de groupes sans suivi ni support et où les problèmes ne sont que trop souvent effleurés et non approfondis.

Moi, ce que j'aime c'est creuser, déterrer, nettoyer, replanter et aider la fleuraison. Je suis, selon moi, la meilleure dans ce domaine.

Le poids est le miroir de l'âme, le surpoids, le cri de l'âme.

Ce qui m'a amenée à écrire ce livre est le résultat découlant de mon questionnement, de toutes les prises de conscience et des recherches que j'ai menées pour enfin voir clair dans ces phénomènes d'autoprotection que sont les problèmes de poids et les malaises physiques. Un jour ou l'autre, les gens arrivent à se questionner sur leur poids et leurs malaises physiques qui changent au gré du temps (*émotions*). Un phénomène qui interfère sur l'amour qu'ils ont envers eux-mêmes et la vie. Un cercle vicieux qui s'impose, lentement mais sûrement, et qui s'avère être l'étape la plus importante de leur évolution. Leur corps leur envoie un message signifiant qu'ils ne sont pas sur le bon chemin, qu'ils doivent s'arrêter et réviser leurs points de repère. Malheureusement, ce n'est pas sans peine que l'on doit traverser cette étape difficile afin d'atteindre enfin la destination ultime : le bonheur.
Par le regard des autres, rempli de jugement, ils en viennent même à s'autodétruire alors qu'ils doivent, au contraire, apprendre à s'aimer et à se construire. Peu de personne peuvent prétendre s'aimer réel - lement. La majorité des gens n'ont pas appris à s'aimer parce qu'ils ne savent pas comment faire et leur entourage non plus.

Et d'où viennent ces malaises physiques ? D'où vient ce surplus de poids, pourquoi cette cellulite, pourquoi ce corps en si piteux état ? Comme tout le monde, je souhaitais comprendre mon propre surplus de poids et mes malaises. Je ne comprenais pas le fonctionnement de mon corps et ses réactions. Malgré les formations reçues, beaucoup de questions sont demeurées sans réponse. Je restais personnellement intriguée par le manque de cohérence des réactions propres à chacun de nous. Tellement de théories se présentaient à moi. Certaines me soulageaient, mais à court terme seulement. Pour demeurer petite et mince, il aurait fallu que je suive une diète toute ma vie. Ouf ! Quelle qualité de vie s'offrait donc à moi ? Aucune théorie sans faille ne m'apparaissait et je jouais au yo-yo avec mon poids et mes états d'âme.

Sois honnête envers toi-même ! Tu n'aimes pas ce que tu vois dans le miroir, ni ce que les gens perçoivent de toi ? Passe à l'action et creuse avec moi.

Certains d'entre vous ne me connaissent pas et d'autres ont entendu parler de moi. Certains n'osent pas me contacter car l'espoir de se débarrasser de leur surplus de poids et de se défaire de leurs malaises physiques diminue à chaque tentative ratée. Sache une chose: je te comprends et je souhaite non seulement te redonner confiance mais te démontrer comment comprendre ton corps et ses réactions. Je veux te donner les clés qui ouvrent les portes de la liberté et non celles de la privation et du sacrifice.

Montre-moi ton corps et je te dirai tes souffrances. Ton corps trahit tes paroles.

Soyons clairs, je ne suis pas médecin, ni médium, ni diseuse de bonne aventure. Ma mission, c'est de transmettre des informations et cela de la manière la plus simple qui soit, en m'adressant directement à ton corps *(cœur)*. À travers lui, je t'invite à te recentrer sur tes besoins fondamentaux afin d'atteindre l'autonomie et la maturité qui te permettront, sans que tu n'aies plus besoin de personne, de préserver ta santé physique, ton équilibre émotionnel et ta paix intérieure. C'est simple, je transmets aux gens la capacité de devenir responsable. Je leur enseigne à s'affirmer, s'assumer et se responsabiliser et ainsi s'attirer l'abondance qui leur permettra de vivre leur vie à fond.

C'est en étant en contrôle de soi que tout est à son meilleur.

Pour démontrer d'où venaient mes questions et comment ces dernières ont trouvé réponse, rien de mieux que des exemples, de faits vécus, du réel, du palpable, d'où l'idée d'écrire ce livre.

Tout ce qui est écrit dans ce livre, je ne l'ai pas inventé ! C'est simplement la vérité.

Respecte la vie car, au fond, elle te rend service de t'avoir donné ce corps.

Je suis un cordonnier bien chaussé ! Je suis heureuse, amoureuse, mère de deux magnifiques enfants et ma famille est en santé. Je gère ma propre entreprise et je connais l'abondance et la prospérité dans tous les aspects de ma vie.

Durant mes consultations, je te dis les choses telles qu'elles sont, que tu aies envie de les entendre ou non. Cela peut te sembler sans pitié, mais le but est de t'amener à progresser. Je t'aide à grandir en te disant la vérité. Chacun de nous est sur terre pour s'aimer, se respecter, s'écouter et surtout s'assumer. Les gens sont dans ta vie pour une seule chose : pour que tu prennes ta place et que tu t'affirmes. Il y aura probablement des obstacles à surmonter, mais, au bout de la route, le bien-être retrouvé aura valu tous les efforts. C'est quand tout va mal que ta force, ton courage et ton attitude mentale sont testés. Tu n'es pas seul. Je me fais un plaisir, un devoir, de t'accompagner.

Passe de l'espoir à l'action, aux résultats et au bien-être.

Suzie Chouinard, N.D. Naturothérapeute

Les consultations avec Suzie

Je favorise l'approche holistique qui consiste à traiter la personne dans son ensemble. Je traite la source de la douleur plutôt que la douleur elle-même. Je t'accompagne, te conseille et te motive afin que tu atteignes tes objectifs tout en savourant pleinement la VIE.

Ma technique de travail et mon don me permettent d'aborder aussi bien les problèmes de santé que les problèmes reliés à la vie en général. Il existe, selon moi, un lien évident entre ce que tu vis et comment tu te sens.

Je ne te dirai pas ce que tu veux entendre mais bien ce que tu dois savoir. Je suis un moyen de communication.

Quand j'aide une personne à recouvrer la santé et à trouver le bonheur, je suis satisfaite. Il ne s'agit pas seulement de te donner confiance mais bien de te munir d'outils qui te permettront de faire en sorte que l'impossible devienne possible. Je travaille de pair avec toi. Je te comprends puisque j'ai déjà emprunté les mêmes chemins que toi.

J'ai la capacité de réveiller les forces qui sommeillent en chaque personne. Lorsque j'aide une personne à faire face à un obstacle et qu'elle me dit avoir grandi à travers cette épreuve, je ne peux qu'être fière d'elle.

J'aime tout le monde, je ne juge personne. Je comprends et je vois simplement le travail que tu as à faire. Considérant que nous sommes tous parfaits, il s'agit de t'en faire prendre conscience afin que tu deviennes ton propre maître et que tu réalises tes rêves.

Je préconise d'abord et avant tout de vivre en toute simplicité. Il faut voir et admettre le VRAI.

Je suis une messagère, une intermédiaire, ton miroir.

Voici une façon imagée de comprendre l'essence de mon travail. Aux fins de cet exercice, définissons deux types de langages :

• La langue d'« origine » : C'est ton vrai langage, celui qui t'est propre, sans masque, sans orgueil, sans peur, sans gêne ni hypocrisie.

• La langue « locale » : C'est celle que tu dois parler dans la vie de tous les jours, formellement, avec des masques, pour faire bonne figure, pour t'assurer de ne pas blesser personne et de ne pas avoir l'air bizarre.

Imagine maintenant que tu es dans un pays où personne ne connaît ta langue d'« origine ».

Tu arrives à exprimer tes besoins et à fonctionner car tu as appris la langue « locale ». Un jour, tu rencontres une personne qui parle ta langue d'« origine ». Elle en comprend chaque subtilité, chaque détail. Elle peut lire en toi et tu n'as plus besoin de faire d'efforts. C'est facile et clair au lieu d'être nébuleux et compliqué.

C'est ce qui arrive quand je te rencontre en consultation. Je parle le même langage que toi. Tu te sens donc immédiatement à l'aise d'exprimer librement tes pensées et tes émotions. De plus, sachant que je te comprends réellement, tu parles en toute franchise. Les face-à-face avec toi-même deviennent plus authentiques. Libérés du « paraître », les vrais cris du cœur peuvent se laisser aller et tu es confiant d'être entendu et compris.

Certains clients s'amusent à me dire que je suis comme l'ordinateur sur lequel leur garagiste branche leur voiture pour trouver ce qui ne va pas.

Je fais fonction de miroir réfléchissant face à toi. Je te renvoie de manière objective tes réactions, tes mécanismes de défense et tes comportements infantiles de survie. Il est très important que tu comprennes que ce n'est pas moi, Suzie, que tu viens rencontrer en consultation mais TOI-MÊME. Je ne suis qu'un outil, un intermédiaire. Je me distingue des autres personnes qui t'entourent parce que je n'ai aucun filtre. Je facilite la communication entre ton inconscient et ton conscient. Tout ce que je dis, tous mes agissements ont une raison d'être. Quand tu me rencontres, à l'extérieur de mon bureau, tu parles avec Suzie, la femme. Sinon, dans mon bureau, tu parles avec ton miroir.

Depuis ton plus jeune âge, tu souhaites être compris, avoir le droit d'être et d'exprimer tes propres idées. Malheureusement, en vieillissant, on t'a demandé de taire ta spontanéité et ta véracité. Lentement, tu as mis des masques, ajouté la conformité à ta personnalité et cette dernière, ne faisant pas le poids, s'est dissoute au fil des ans.

Il t'est donc plus difficile d'exprimer qui tu es réellement.

Lexique de Suzie en bref

Le paradis sur terre

Tu as la chance de vivre un paradis sur terre. Tout ce à quoi tu penses, tu as le pouvoir de le créer et personne d'autre que toi n'est responsable de ce que tu vis ou de la façon dont tu le vis.

À propos de toi

Tu es la somme de tes pensées, c'est donc à toi de décider de l'Être que tu veux être.

À propos des autres

Tous les gens autour de toi ne sont que des miroirs dans lesquels tu peux voir le meilleur comme le pire en toi. Entoures-toi des gens qui te stimulent et qui réussissent.

La famille

Mieux vaut en rire qu'en pleurer car les liens qui t'unissent aux tiens sont cousus de fils d'éternité. À toi de couper les fils pour changer la vision de ce qu'ils sont en réalité : des miroirs !

Le couple

Je suis un peu toi, tu es un peu moi. Deux personnes distinctes mais unies, des miroirs pour la vie. S'engager tout en restant libre donne des ailes !
Les enfants

Chair de ta chair, sang de ton sang. Les préparer est tout ce que tu puisses faire, le reste ne dépend que d'eux. Dès l'âge de 18 ans, ils ne t'appartiendront plus. Ils ne seront plus tes petits enfants mais des femmes et des hommes. Oui, tu auras peut-être des regrets ou de la culpabilité mais au lieu de te punir, tu peux t'en sortir et ainsi les voir réussir.

Les enfants viennent au monde pour mettre les parents à l'épreuve ! Ils les forcent à régler leur passé pour qu'ils puissent évoluer.

Les amis

Ils te soulagent du mieux possible de tes ennuis et de tes chagrins. Pour le moment, ils sont tes bouche-trous en attendant que tu deviennes autonome. Tu dois être heureux avec toi-même. Si tu n'es pas heureux, les amis ne sont là que pour combler un vide. Tu dois seulement les aimer tels qu'ils sont, sans condition. Entoures-toi des gens en qui tu as confiance, avec qui tu te sens toi-même.

L'amour toujours l'amour

Il sait effacer toutes les douleurs. Grâce à lui, tout est possible. Il est le seul ingrédient du bonheur.

Amour inconditionnel

Aimer sans attente, aimer les autres tels qu'ils sont et non comme tu aimerais qu'ils soient.

Les difficultés de la vie

Chaque obstacle n'est qu'un tremplin te permettant d'aller plus loin. Il est faux de penser qu'il faut souffrir pour grandir et évoluer. Il y a des raccourcis pour contourner la souffrance, il s'agit de t'écouter pour les découvrir. En te faisant confiance, tu prendras le bon chemin.

Le pouvoir des mots et de la pensée

Sais-tu qu'à chaque instant de ta vie, tu crées à travers tes paroles et tes pensées ? À toi de créer ce que tu veux de ta vie : un champ de tulipes, de roses ou de pierre.

Le pardon

Plus qu'une bonne action, c'est le plus beau cadeau que tu puisses t'offrir. *PAR le DON*, tu vas guérir (*GAIE-RIRE*), *PARS DONC* malsaine rancune.

Le temps

Tout est constamment en changement, tout, sauf le temps. Le temps fait bien et surtout arrange bien les choses.

Le travail

On dit qu'on perd sa vie à la gagner. Tu travailles pour avoir de l'argent, mais dans les faits, tu devrais faire ce que tu aimes et l'argent viendrait de lui-même. Si tu t'amusais au lieu de travailler ? Il ne faut pas rester dans des énergies négatives de travail seulement parce que l'argent te dirige. En ce moment, est-ce que ton travail correspond à celui que tu ferais si tu étais millionnaire ? Non ? Change d'emploi dès maintenant ! Fais ce que tu aimes et tu t'amuseras toute ta vie.

L'argent

L'argent, ce n'est que de l'énergie. Un bout de papier qui parfois s'envole au vent. Des dollars gagnés que tu gardes précieusement, des billets fous qui peuvent parfois te faire perdre la tête, des billets doux qui te sécurisent. Si tu fais ce que tu aimes dans la vie, tu ne devrais pas avoir à te préoccuper de l'argent. Si tu n'en avais pas besoin, est-ce que tu ferais ce que tu es en train de faire ? Si oui, tu es sur la bonne voie. Plus tu es heureux, plus tu es énergique. Et plus tu es énergique, plus tu attires l'argent. Sois heureux ! En fait, tout part de toi. L'argent, c'est tout simplement toi. Ce qu'il te reste en énergie à la fin de la semaine est ce qu'il te reste dans ton portefeuille. Ne laisse pas l'argent devenir ton maître, maîtrise-le. Garde en tête que tu en donnes et tu en reçois sans limite car tu n'as pas peur d'en manquer.

La vie

Découvrir la vérité, développer ton identité, et vivre heureux pour l'éternité.

La mort

Ce sera au moment que tu auras décidé et avec ton accord. Pour y arriver, il faut devenir maître de ton corps. Si une personne décède, c'est son choix et si elle décide de vivre, c'est qu'elle aime vraiment la vie.

Le deuil

Le deuil nous enseigne de lâcher prise. Il faut exprimer toutes les émotions qui y sont reliées pour pouvoir passer à autre chose.

La guerre

Guidé par la peur, tu fais un nœud dans ton cœur et tu pars répandre le malheur.

La religion

Toute religion devrait avoir pour but de t'aider et de te laisser libre de prendre contact avec ta propre divinité au lieu de tenter de t'asservir ou de te retenir par la peur.

Les guides

Un coup d'œil derrière, où tu ne les trouves pas, tu les cherches aussi devant mais ils ne sont pas là non plus. Puis, tu sens quelqu'un qui te prend par la main, en silence, et qui t'aide à retrouver ton chemin. Les guides sont les gens autour de toi, écoute-les !

Les maux, les malaises et les maladies

La maladie est l'expression de ton besoin d'amour propre, une sorte d'appel au secours. Quand tu as mal, quand tu es malade, tu veux la compassion des autres et tu fais en sorte qu'on se préoccupe de toi. Mais tu es la seule personne à pouvoir t'aider. Si tu fermes les yeux sur le mal-être, tu ne fais que retarder l'inévitable. Tu dois affronter tes peurs aussi pénibles qu'elles puissent être et faire face aux messages que la vie t'envoie car c'est la seule manière de croître.

T'aimer

T'écouter, te choisir, t'assumer (*demeurer toi-même au risque de déplaire*), te responsabiliser.

Interprétation

Comprendre selon tes propres filtres, ton propre bagage émotif, tes croyances et tes connaissances.

Santé

C'est l'accord entre tes pensées, ton corps et ton cœur.

Vivre

Faire selon tes envies pour te sentir vivant, explorer tes passions.

Survivre

Vivre selon de fausses croyances, sans aucune connexion avec ton véritable TOI.

Foi

Avoir confiance en toi, croire en toi.

Un empathe

Une personne disposant d'un pouvoir de perception accru lui procurant des sens que le commun des mortels ne peut appréhender. (http://fr.wikipedia.org)

Secte

Le mot secte désigne un ensemble d'individus partageant une même doctrine philosophique, religieuse, etc. Un groupe plus ou moins important de fidèles qui se sont détachés (...) qui ont créé leur propre doctrine. Leurs comportements sont jugés obscurs ou malveillants par le reste de la société. Généralement, les responsables de ces groupes sont accusés d'une part de brimer les libertés individuelles au sein du groupe ou de manipuler mentalement leurs disciples afin de s'approprier leurs biens et de les maintenir sous contrôle. (http://fr.wikipedia.org)

Naturothérapeute

Le naturothérapeute va plus loin dans ses démarches de soins naturels. Grâce à une formation plus poussée, il peut également utiliser diverses autres techniques de soins naturels comme la massothérapie, la kinésithérapie, le magnétisme, etc. La profession est contrôlée par un organisme appelé *Ordre des naturothérapeutes du Québec* qui veille à ce que les naturothérapeutes prodiguent des soins de qualité à leurs patients. Pour plus de détails, visitez le http://fr.wikipedia.org

Holistique

Santé globale dans tous les domaines de la vie entourant le corps physique, les états émotionnels et le mental.

Maître spirituel

On peut caractériser une personne de « Maître » lorsqu'elle est parvenue à dominer ses pensées, ses sentiments et ses actes. Cette personne détient un très grand bagage de connaissances sur différents aspects de la vie. Elle connaît la solution à plusieurs problèmes et surtout, elle est remplie d'amour. Un « Maître » a réussi à se déterminer une philosophie de vie et il la suit. Il met en pratique ce qu'il enseigne. Il est un exemple, une référence. Il est heureux et comblé par l'abondance. Il est une source d'inspiration et d'énergie pour ceux qui lui demandent conseil.

« Pour pouvoir s'améliorer, il faudrait au moins que les humains aient appris à reconnaître leurs lacunes. Seulement voilà, la lucidité ne les tente pas, ils préfèrent se tromper pour pouvoir garder leurs illusions. Ils se sont déjà formé un si bon opinion de leur personne que, même s'ils vont soi-disant s'instruire auprès d'un Maître spirituel, ils ne feront aucun progrès. Et d'ailleurs le Maître lui-même renoncera à les éclairer ; il sait d'avance ce qui l'attend s'il ouvre la bouche. Ils ne lui diront pas: « Oui, je sens que vous avez raison, je dois corriger ce défaut, combler cette lacune », mais « Non, jamais de la vie, vous vous trompez, je n'ai pas cette faiblesse dont vous me parlez », et ils seront même furieux contre lui. Évidemment, c'est toujours le Maître qui se trompe, eux sont impeccables et ne se trompent jamais !... Devant des êtres pareils, que voulez-vous que fasse le Maître ? Il n'insiste pas. Il continue à donner son enseignement, mais il n'insiste pas. Il sait que la vie finira par leur apprendre à se connaître ; et alors, ils reviendront penauds écouter les leçons de leur instructeur. »

Omraam Mikhaël Aïvanhov

Témoignage

Partie 1

Quoique j'entreprenne (thérapies avec des psychologues et des thérapeutes, voyages intérieurs, utilisation de la pensée positive, de la loi d'attraction, du « Secret », du pardon, lecture, écriture, etc.) je dois faire du cheminement et je suis moi-même intervenante dans ce domaine. Imagine un peu le cordonnier mal chaussé que je suis comme tu le dis si bien ! Il y a toujours une petite voix qui me démoralise. Elle me fait sentir coupable lorsque je prends du temps pour moi et que je pratique des activités que j'aime ; elle me répète à quel point ma vie est ordinaire et elle me fait sentir incompétente lorsque j'envisage de faire des choses pour améliorer mon sort. Bref, je ne m'en sors jamais ! Je veux faire taire ce dialogue intérieur, mais je ne sais pas comment y parvenir. J'ai entendu parler de toi et que tu avais de bons outils pour nous libérer de ces voix (…)

Partie 2

De retour après cinq rencontres d'une heure avec Suzie et que dire de plus que : ouf ! Quel phénomène cette Suzie ! Mais, grâce à tes conseils directs, j'ai ENFIN réussi à m'en sortir. Merci mille fois. Tu fais vraiment une différence sur cette terre. Continue. Je veux te dire combien je t'apprécie et à quel point tu comptes vraiment dans ma vie. Suzie, il faut que tout le monde vienne te voir au moins une fois dans leur vie. Je ne dis pas qu'ils ne se sauveront pas la première fois mais ils reviendront comme je l'ai fait moi-même après notre première rencontre. Je me suis sauvée car tu avais tellement raison. Moi, je veux toujours avoir raison. J'ai passé par-dessus mon orgueil et je suis là maintenant et je t'écoute religieusement car je sais aujourd'hui, qu'au fond, c'est de l'amour que tu as pour nous tous. Merci, merci, merci, merci. Je n'ai pas terminé mais je sais que tu seras toujours là pour moi.

Diane L

Témoignage

Après avoir lutté pendant quelques années en vivant une séparation extrêmement douloureuse, j'ai fait une dépression majeure. J'ai vu plusieurs psychologues qui n'ont pas réussi à me faire surmonter cette grande peine intérieure. J'avais besoin de quelqu'un qui me fasse voir les choses autrement. Heureusement, j'ai eu la chance de rencontrer Suzie Chouinard qui, dès notre première rencontre, a compris exactement ce dont j'avais besoin. Lorsque je suis sortie de ma première rencontre, je me suis dit : «Wow ! Quelle femme extraordinaire !» Suzie reflète le bien-être à l'état pur et, en plus, elle rayonne. Après ma troisième rencontre, elle m'a suggéré de faire un exercice qui m'aiderait grandement à me départir de mon sentiment profond de culpabilité. Ce que j'ai fait et, lorsque je me suis investie, mes crises d'angoisse ont complètement disparu. J'ai ressenti un grand bien-être et une grande libération. J'ai pu retourner travailler car je me sentais bien mieux. J'aime Suzie parce qu'elle est entière. Elle se donne à 100 %, elle est franche et directe et elle voit les choses que nous ne voyons pas. C'est exactement ce dont j'avais besoin. Je sais que son but est de me guider jusqu'à ce que je ressente et reflète la femme extraordinaire que je suis à l'intérieur comme à l'extérieur.

Merci Suzie de ta belle écoute. Grâce à toi, je pourrai retrouver le bonheur.

Louise Talbot

Témoignage

Suzie est sur ma route de vie depuis le printemps 2006 mais je ne la consulte réellement que depuis le 5 août 2010 !

Au printemps 2006, je l'ai croisée dans un gymnase. Je venais d'accoucher et de déménager. Je manquais d'énergie et je croyais que l'entraînement me remettrait d'aplomb. Suzie était là et y déposait ses dépliants de publicité. Elle m'a offert ses services pour une perte de poids selon mon système glandulaire ! J'ai dit que j'y penserais mais je n'avais pas envie d'un autre régime. Je n'ai même pas pris la peine de lire son feuillet ! Ce n'est pas parce que je n'étais pas grosse, je pesais alors 272 lbs. Je voulais de l'énergie, pas une autre diète !

À l'été 2008, je n'avais toujours pas retrouvé mon énergie et mon poids stagnait à 250 lbs. J'ai alors croisé le véhicule de la Clinique Santé Alimentation Revivre sur la route et cela m'a décidé à prendre un rendez-vous. Elle m'a offert un programme alimentaire et m'a dit que j'avais des « bibittes » qui étaient la cause de mon surpoids. Foutaises ! Je voulais bien suivre son plan alimentaire, mais je ne voulais pas qu'elle déterre mes bibittes. Je voulais « maigrir » et non pas suivre une autre thérapie !

En août 2010, mes « bibittes » ont envahi ma vie 24 heures par jour, 7 jours par semaine ! Ça n'allait plus du tout. J'avais atteint le fond du baril, j'avais creusé mon trou au maximum et je voulais m'en sortir. Je savais qu'il y avait une solution ! J'ai suivi tous les régimes, beaucoup de thérapies avec des psychologues, en groupe ou dans les livres ! Je n'étais toujours pas bien. Je me haïssais de plus en plus à force d'échouer et je n'en pouvais plus de la croissance personnelle. La seule chose qui croissait, c'était mon ventre et la largeur de mon derrière ! 250 lbs de « bibittes » !

On ne dit jamais deux sans trois et, dans mon cas, l'expression s'applique ! La troisième fois que Suzie a croisé ma route, j'ai décidé que je la gardais avec moi jusqu'à ce que je puisse cheminer toute seule ! J'en suis à cinq ou six rencontres, je ne les compte pas vraiment, et j'ai changé davantage que dans mes 10 ans de croissance personnelle où j'ai cherché partout LA solution à mes problèmes. Mon corps a déjà commencé à se transformer et dans ma tête, quelle amélioration ! Je ne sais pas combien de temps je prendrai pour être libre, mais j'ai confiance cette fois d'avoir trouvé LA solution à mes problèmes. Cette fois, je suis prête à affronter, à combattre et à ne plus porter de masques pour être « donc-ben-fine » ! Je veux être vraie et libre, me trouver belle et être riche de tout !

On le sait, au fond de nous qu'il y a une solution pour s'en sortir mais on cherche et on frappe à plein de portes. On croise des thérapeutes qui ont bien appris leurs leçons dans des beaux grands livres mais qui sont, au fond d'eux-mêmes, peut-être aussi « tout croche » sinon plus que nous-mêmes! Ils font bien leur possible ! Mais moi, je veux être vraie, forte et libre et Suzie (qui est comme ça, soit dit en passant) peut me montrer comment y arriver parce qu'elle a réussi et qu'elle connaît le chemin pour y arriver ! Suzie est vraie donc il faut être prêt à entendre la vérité, mais quand on est prête, ça ne fait pas si mal dans le fond. La vraie souffrance, je l'ai assez connue, enterrée vivante avec mes « bibittes », Suzie ne pouvait pas me faire mal plus que ça !

Je poursuis ma transformation, j'évolue de jour en jour et je sais que cette fois, ça marche ! J'ai confiance en ma petite voix, en moi et en Suzie (...)

Merci Suzie. Tu sais que ce n'est pas facile pour moi de dire ça, mais... je t'aime. Ouf, je l'ai dit !

Isabelle Nadeau

Introduction

Autruche, paon, poule

Ressembles-tu à une autruche qui enfonce la tête dans le sable ? Que veut dire faire l'autruche ? Faire l'autruche, selon moi, c'est te poser des questions banales et aussi vieilles que le monde afin de te raccrocher à la vie quand tu vis des moments difficiles, d'avoir les réponses, pas juste devant tes yeux ou sous ton nez, mais dans TON CORPS et ne pas les voir ni les ressentir ! Voir les défauts et les qualités des autres mais pas les tiens.

Des questions banales, vieilles comme le monde qui ressemblent à : Que suis-je venu faire sur cette terre ?
Quelle est ma raison d'être ? Quelle est ma mission ?
Vais-je laisser des traces de ma présence sur cette terre ?

Tous ceux qui croient aux anges, aux guides, au karma, au destin, aux astres, aux cartomanciennes, etc. sont des personnes qui n'ont pas confiance en eux et qui n'acceptent pas d'être responsables.

Ça, c'est faire l'autruche !

En plus de faire l'autruche, tu fais le paon, en donnant de l'importance à l'apparence et au paraître. Tu voudrais que les autres t'envient, qu'ils te croient heureux et chanceux. Ton obsession du paraître est en fait de la projection puisque tu es souvent le premier à regarder tes voisins, à te comparer à eux et à les envier. Quelle incohérence !

Le corps veut, par tous les moyens, te faire passer son message. Il veut que tu sois le principal soliste de sa symphonie. L'énergie (*la vie*) doit circuler dans ton corps de façon parfaite pour être équilibré. Si des blocages l'empêchent de circuler normalement, ton corps réagit par des carences ou des imperfections telles que les malaises physiques ou le gras. Comment savoir si tu as des blocages ? Ils se manifestent par le regret, la hantise du passé, la honte, le secret, la peur, la haine, etc.

Arrête de courir à gauche et à droite comme une poule sans tête, cesse de regarder les autres, et REGARDE ton nombril. Ton corps te parle, écoute-le! De toute manière, c'est lui qui aura le dernier mot (*maux*). Rien ne sert d'élaborer de grandes théories, il faut voir la vie en toute simplicité et elle te révélera, dans son authenticité, les plus grandes réponses existentielles.

En fait, tu prends plaisir à donner trop de pouvoir à ton cerveau. Il complique les choses pour passer son temps à les simplifier. Sinon, que ferait-il de son temps ? Il se contenterait de vivre ? Allons donc, ce serait bien trop simple !

Tu es un être humain, pas une autruche, ni un paon, pas plus qu'une poule ! Il n'y a pas un être plus intelligent que l'Homme. Sois en fier !

Agir plutôt que de subir !

Si aujourd'hui je suis la personne la plus heureuse au monde, il n'en a pas toujours été ainsi. Personnellement, j'avais bien appris à ne plus m'écouter. J'étais devenue ce que les gens voulaient que je sois. J'avais appris à porter des masques, à m'adapter aux gens pour plaire et pour être acceptée. Je voulais être reconnue et appréciée. Mon travail, mon auto, ma maison, mes enfants, mon conjoint, ma famille, tout passait avant moi.

Enfant, j'ai été abusée, maltraitée physiquement et psychologiquement. J'ai aussi été sévèrement battue. La plupart des membres de ma famille étaient alcooliques et ne me démontraient aucune tendresse saine. Ma mère n'a rien fait pour me protéger contre les hommes *(beau-père, amis, oncles, gardiens)* qui abusaient de sa fille parce qu'elle avait peur d'eux. J'ai traversé mon enfance dans un environnement malsain et très difficile, entourée de gens qui bénéficiaient du bien-être social pour vivre parce qu'ils ne connaissaient rien d'autre et ne voulaient rien d'autre ! J'ai été ballottée d'une maison à une autre, entre mes oncles, mes tantes et mes grands-parents sans ne jamais trouver aucune sécurité auprès d'adultes responsables. Autour de moi, il n'y avait que violence, pauvreté, ignorance, alcool et drogue. À l'adolescence, je suis devenue dépendante affective, toujours à la recherche d'amour et d'affection. J'étais d'une maigreur extrême et je voulais tout simplement disparaître. Plus tard, j'ai retrouvé mon père biologique. C'était un homme millionnaire mais qui, ne sachant quoi faire de tout cet argent, menait une vie de débauche qui l'a conduit à la mort de façon prématurée.

J'avais bien appris à me juger et à être exigeante envers moi- même. C'est l'histoire de plusieurs d'entre nous. Nous sourions machinalement et derrière ce sourire se cache la tristesse. Nous prétendons que nous allons bien, mais à l'intérieur, tout va mal. Nous donnons de l'importance à tout le monde et nous nous oublions. Pendant ce temps, nous espérons une meilleure vie mais nous n'agissons pas dans ce but.

J'ai souffert durant plusieurs années de la culpabilité et du manque de confiance. Peut-être que tu te reconnais dans ces sentiments étouffants qui deviennent insupportables. Adulte, je suivais, bien malgré moi, les traces de ma famille et tout s'écroulait autour de moi. J'étais dépressive et consommatrice d'antidépresseurs. Dans la nourriture, la drogue et l'alcool, je recherchais l'évasion. Mes fils étaient malades. L'un souffrait du syndrome de Gilles de la Tourette, de déficit d'attention, de tics nerveux, et d'insomnie, l'autre était atteint de maladies intestinales. Même mon chien était malade : il avait des otites à répétition, souffrait de dermatite et a même eu un cancer de la peau.

Ma vie amoureuse fût un désastre couronné par un divorce. Je comblais mon manque affectif dans des relations malsaines. J'étais bénéficiaire de l'aide sociale et complètement au bout du rouleau. Anéantie par le suicide récent de ma sœur cadette, j'étais tentée, moi aussi, par ce moyen d'évasion. Ne voyant aucune solution à cette vie malheureuse, j'ai moi aussi fait plusieurs tentatives de suicide.

Vulnérable et ne sachant pas à quoi me rattacher, les premières portes qui se sont ouvertes à moi ont été celles des communautés religieuses. J'ai adhéré à trois groupes religieux. Lorsque je me suis rendu compte qu'il s'agissait de sectes, j'ai décidé de poursuivre mon chemin seule.

Un jour, gardant à l'esprit que j'étais mère de deux merveilleux et innocents enfants, je me suis rendu compte qu'il n'y avait pas d'autres moyens que d'accepter et d'affronter mes faiblesses. Je l'ai fait grâce à mes enfants qui reflétaient mes maladies intérieures. Ce n'est pas facile de se voir dans ses enfants. C'est douloureux pour le cœur d'une maman, mais c'est efficace ! Je me suis dit que si j'aimais vraiment mes enfants, je devais faire quelque chose pour moi. J'ai aussi compris que, lorsqu'on est trop orgueilleux, la vie s'attaque à ceux qu'on aime pour nous réveiller. Je suis donc allée chercher de l'aide. J'ai vu des thérapeutes, des chiropraticiens, des physiothérapeutes et même des mediums. J'ai fait appel à la panoplie des médecines alternatives : reiki, visionnement sanguin, iridologie, biologie totale, acupuncture, massothérapie. J'ai vu des médecins, des spécialistes, des psychologues et des psychiatres. J'ai lu des livres, suivi des formations, assisté à des conférences, à des ateliers et quoi encore ? J'étais soulagée temporairement mais aussi très étourdie.

Jusqu'au jour où, découragée que personne ne me vienne en aide, fatiguée d'attendre après les autres pour combler mes besoins et régler mes problèmes, je me suis enfin prise en main pour découvrir les secrets cachés dans mon cœur. Je ne pouvais pas croire que la vie était aussi tordue et si souffrante. La vie ne pouvait pas se résumer à dormir, manger, bien paraître, travailler, vieillir, souffrir et mourir, comme la majorité des gens le faisait si bien. J'avais un pouvoir qui était celui de choisir, de me réveiller de ce cauchemar. Je voulais vivre, m'amuser, rajeunir, me sentir belle et être en santé.

Nous avons parfois besoin de subir beaucoup de souffrances pour comprendre et pour changer. Pourquoi attendre d'être au bout du rouleau ? Je sais maintenant que nous pouvons vivre libres et sans souffrance. Je sais aussi que la vie est parfaite et merveilleuse. Lorsque nous souffrons, c'est parce que nous n'avons pas compris les messages de la vie. Nous avons tous le pouvoir de changer, mais VOULOIR changer, c'est une autre chose. La santé, ça se mérite !

J'ai donc pris la décision de m'aimer. C'est ainsi que je peux maintenant apprendre aux autres comment s'y prendre. Si les gens meurent c'est simplement qu'ils ne s'écoutent pas. On ne s'écoute pas chaque fois qu'on agit raisonnablement et non pas en fonction de ce qu'on ressent (*tête vs cœur*), chaque fois qu'on achète la paix et la bonne entente pour être poli et aimable ou par peur de ne plus être aimé ou rejeté. On ne s'écoute pas chaque fois que l'on fait quelque chose sans en avoir envie, chaque fois qu'on s'étourdit dans le travail, chaque fois qu'on change d'idées pour plaire aux autres, chaque fois qu'on ne s'aime pas, chaque fois qu'on ne fait pas confiance à ce que l'on ressent. C'est la MORT à petits pas.

Aujourd'hui, je partage généreusement mon secret de jouvence. Si moi j'ai réussi, tu le peux, toi aussi. Peu importe quand, un jour ou l'autre, tu devras le faire afin d'apprécier le sens de ta vie. Connaître la signification de te choisir, goûter le bonheur de t'aimer et revivre pour enfin VIVRE.

La source du problème

Selon l'Enquête sociale et de santé 1998 de l'Institut de la statistique du Québec, 53 % des femmes voudraient « maigrir » Et ce, même si près du 25 % des Québécoises seulement présentent un surplus de poids.

Les gens associent rapidement leur surplus de poids à la source de leurs problèmes et ils ont raison (*santé, amour, classe sociale, popularité, réussite professionnelle, etc.*). Ils essaient donc de «maigrir» par tous les moyens et à n'importe quel prix, voilà un autre vrai problème. Le désespoir envahie vite leur esprit à un point tel qu'ils sont prêts à remettre leur corps entre les mains de n'importe quel charlatan leur promettant une taille parfaite acquise dans le moins de temps possible.

« Emprisonné dans chaque homme gras, un homme maigre fait des signes désespérés pour qu'on le libère. »

Cyril Connolly

Jusqu'au jour où ils commencent à se dire qu'ils n'ont pas le choix de s'accepter, de s'aimer tels qu'ils sont, avec leur surpoids. Cependant, est-ce bien par choix ou plutôt par « obligation » ou résignation ? Il est important de faire la distinction entre s'incliner devant un problème (*accepter*) et l'affronter (*creuser*). Et si les solutions se trouvaient en creusant un peu à l'intérieur de soi et non pas en regardant seulement l'extérieur ?

Je le répète, si je me permets d'écrire ce livre aujourd'hui, c'est à titre de « cordonnier bien chaussé » ! J'ai moi-même été aux prises avec des problèmes de poids. J'ai été une personne désespérée cherchant le secret du bonheur dans les « diètes », lisant sur l'alimentation, me lançant, illusionnée, dans des entraînements cardio-musculaires et consommant des suppléments alimentaires à tort et à travers. Il y en avait suffisamment pour m'étourdir et nourrir mes espoirs. À chaque semaine, il y avait une nouvelle « diète » miraculeuse, une nouvelle crème, une barre énergétique, une poudre ou une pilule-miracle. Sans aucune garantie d'obtenir des résultats, dès qu'un nouveau produit sortait sur le marché, j'étais la première à vouloir le tester. Je peux maintenant affirmer que tout l'argent et l'énergie que j'y investissais ne me rapportaient guère.

Moi aussi j'ai fait le mouton. J'ai fait comme les autres et j'ai été déçue.

« Cette diète fonctionne vraiment pour untel ? Elle fonctionnera pour moi aussi, je l'achète! » Quelle déception que de constater que pour moi, ça n'allait pas du tout. Je me demandais pourquoi ça fonctionnait pour une autre et pas pour moi. En plus, les gens s'en mêlaient en me disant que j'étais suffisamment petite et que je n'avais pas besoin de « maigrir ». Non seulement j'étais désespérée et désillusionnée, mais je devais justifier mes intentions. Ce que je voyais de mon corps ne me plaisait pas. Qui étaient-ils pour me juger ? J'avais porté deux enfants et pris 60 livres à chacune de mes grossesses. Avais-je le droit de vouloir atteindre mon idéal ?

« Amincir » au lieu de « maigrir »

Mon divorce fût l'événement marquant grâce auquel j'ai compris la différence entre « maigrir » et « amincir ». Je retenais beaucoup d'émotions dans cette relation amoureuse et, la libération que le divorce m'a procuré un effet très apparent sur mon corps. Sans m'y attendre, je me suis mise à « maigrir ». Je n'avais vraiment pas faim donc je ne mangeais plus et je sautais des repas. Quelque temps plus tard, je suis « tombée » en amour et j'ai continué à « maigrir » encore plus. Super ! J'étais excitée et ça me coupait l'appétit. Les hauts et les bas de ma vie sentimentale me faisaient « maigrir ».

Pas très astucieuse comme méthode me diras-tu ? Même si les réactions de mon corps me dépassaient, pour moi c'était bien puisque j'atteignais le but tant espéré qui était de « maigrir ».

Toutefois, en toute franchise, les résultats n'étaient pas très jolis. Mon visage qui avait « amaigri » plus rapidement que mon corps me conférait une apparence plus vieille. Cette dernière relation qui n'avait duré que quelques mois m'avait amenée à gérer la nourriture à un niveau extrême de dégoût. Quelques mois plus tard, j'ai rencontré une nouvelle personne et je suis « retombée » en amour. Surprise ! Cette fois, je suis passée à l'autre extrême au niveau émotionnel et j'ai mangé mes émotions tout en me sentant coupable de le faire. Certes, je croyais être en amour et, même si c'était un autre genre de relation amoureuse que la précédente, elle était tout aussi néfaste. Résultat : un beau 35 livres en plus. Avec cette augmentation de taux de gras (%) et tenant compte de mon ossature, j'étais considérée obèse.

Moi, obèse ! « Maigre » comme je l'avais été auparavant, jamais je n'aurais pensé un jour être qualifiée d'obèse. Mais effectivement, j'avais trop de gras par rapport à ma masse musculaire.

TAUX DE GRAS	ÉCHELLE
Entre 18 et 25 %	Poids normal
Entre 25 et 35 %	Poids à risque
35 % et plus	Obésité

À cette époque, j'essayais de faire le ménage dans ma vie et je tentais de m'en sortir. J'étais envahie par la colère. Je me dénigrais et je m'empêchais de vivre. Je me défoulais sur mon corps. Je voulais bâtir ma confiance mais, je m'y prenais mal.

J'étais tombée dans un cercle vicieux de rage et de besoin d'amour. Le premier objectif que je me suis fixé pour débuter ma « nouvelle » vie fût, bien entendu, de vouloir « re-maigrir ». J'ai commencé à m'entraîner et à calculer le nombre exact de calories inscrites à mon «régime». J'avais faim et je rageais, je disputais et je frustrais.

Je suis devenue de plus en plus extrémiste dans ma façon de m'alimenter. Pratiquement végétarienne, je ne mangeais plus ni gâteries (*croustilles, boissons gazeuses, desserts*) ni rien qui ne soit qualifié de «sans gras». J'ai écouté tout ce qu'on a dit sur la santé et j'ai suivi ces idéologies. J'ai même développé des phobies envers les micro-ondes, la restauration rapide, les contenants de plastique, et quoi d'autres encore?

J'ai réussi à « maigrir » plus sainement, comparativement à mes pertes de poids reliées à mes histoires d'amour. Cependant, dès que je «trichais» un peu, je reprenais du poids. J'étais alors encore plus sévère avec moi-même et je m'en voulais terriblement.

Dans mon esprit, ça se passait ainsi : « Bon, à partir de maintenant, c'est vrai, je vais « maigrir ». Je vais devenir belle. Je commence pour de bon et sans tricher. » Le premier lundi du mois était mon jour préféré et fétiche pour recommencer une « diète ». Dans mon esprit quasi maladif, je jouais ainsi au yo-yo, de mois en mois, d'année en année. Pouvez-vous imaginer le calvaire que j'ai pu faire vivre à ma famille en éliminant tout ce qui était soi-disant engraissant, nocif pour la santé ou cancérigène ? Ça frôlait la folie. Ma paranoïa me poussait à m'imposer des règles strictes. Je n'avais plus aucun plaisir à manger. C'était devenu une « obligation», une tâche, un travail et je me devais d'y être assidue.

Pauvre corps avec lequel je jouais aux montagnes russes au lieu de m'arrêter et de l'écouter. Il pouvait bien être dans un état aussi pitoyable. Et que dire de mon état mental, de mon esprit qui était constamment tourmenté au lieu d'être aimé et réconforté. Jusqu'au moment où ENFIN je me suis arrêtée. Heureusement, ce fût avant que la maladie ne s'en mêle. C'est fort un corps, très fort, il peut subir très longtemps les foudres du subconscient, mais quand il dit que c'est assez, il peut reprendre le dessus de façon très radicale et nous faire perdre le contrôle très rapidement. Je me suis alors posé les vraies questions. Et si les solutions se trouvaient à l'intérieur de moi ?
J'avais enfin un indice, une piste de solution. Alors, j'ai foncé !

Suzie en 2002 Larve, 139 lbs

Suzie en 2011 Papillon, 108 lbs

Le surpoids, le cri de l'âme...

Surplus de poids = Déséquilibre = Protection

FEMME ADULTE (vue antérieure)

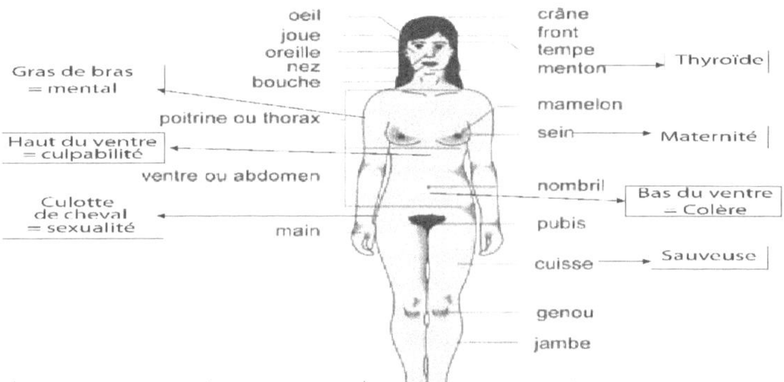

% de gras = Équilibre
- Femme = 15 mm
- Homme = 10 mm

Le surpoids, le cri de l'âme...

FEMME ADULTE (vue postérieure)

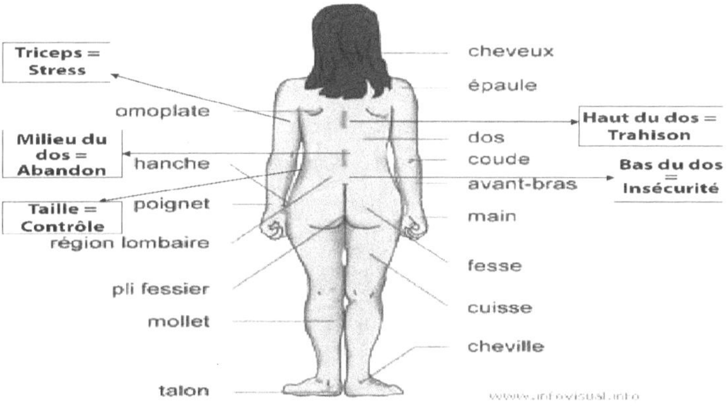

- **Rétention d'eau = Peine**
- **Peau molle = Personne trop flexible et souple**
- **Peau ferme = Personne avec une grande fermeté**
- **Peau dure = Personne trop inflexible**

Le vocabulaire utilisé influence le subconscient.

Beaucoup de questions me venaient à l'esprit. Entre autres, le vocabulaire que nous utilisons me semblait particulièrement sévère et souvent incohérent. Il n'y a parfois aucun lien entre le mot utilisé et ce qu'on ressent vraiment à l'intérieur de soi.

Soigner vs guérir

Lorsque je dis à une personne qu'elle a pris du poids et qu'elle le nie, comment pourra-t-elle « amincir » ? Elle ne pourra pas régler son problème puisqu'elle ne veut pas le voir ni l'avouer. Elle nie. C'est le même phénomène qui se produit lorsqu'une personne prétend que tout va bien avec son conjoint alors qu'il n'en est rien. Elle ne peut pas régler le problème car elle se fait croire à elle-même que sa vie va bien. Un jour, j'ai demandé à une cliente qui était venue me rencontrer à la clinique si elle était enceinte. Plutôt que d'être insultée comme plusieurs l'auraient été, elle m'a répondu qu'effectivement, elle avait l'air d'une femme enceinte, mais qu'elle ne l'était pas. Elle avait un problème de poids. Je lui ai dit que je pouvais l'aider et aujourd'hui, elle a un ventre plat car elle a reconnu son problème plutôt que d'être frustrée comme la plupart des gens à qui on aurait fait une telle remarque. Guérir, veut dire être content : « gai » et « rire » de la réalité car tu as le pouvoir de la changer. Constater ce qu'on s'impose et être capable d'accepter et d'assumer pour avancer.

Tricher

Pourquoi dit-on « tricher » ? Ce mot a un double sens, car normalement on triche pour arriver plus rapidement à nos fins, peu importe les moyens. Ici, « tricher » veut dire ne pas respecter la marche à suivre. Pourquoi utilisonsnous ce mot plutôt qu'un autre ? Pour lui donner un ton plus grave! En plus de ne pas être constant, de ne pas être fidèle, on « triche ». On s'impose notre propre « régime » de terreur.

Régime vs plan alimentaire

Pourquoi dit-on « régime » ? Ce mot est relié au gouvernement, à l'autorité, à la droiture, il sous-entend un besoin d'obéissance. Un « plan alimentaire » ou une « discipline » alimentaire sont des expressions plus appropriées.

Perdre du poids vs éliminer du poids

Pourquoi dit-on « perdre du poids » ? Quand on prétend avoir perdu quelque chose, c'est que l'on souhaite le retrouver. « Reprendre mon poids santé », « amincir », « éliminer mon surplus de poids » sont des termes plus appropriés.

Cochonnerie vs douceurs

Pourquoi dit-on manger des « cochonneries » ? Je conviens que cette expression est utilisée pour dire que c'est savoureux. Cependant, le mot « cochonnerie » donne l'impression que nous mangeons vraiment mal. Donc, lorsqu'arrive la fin de semaine et que nous nous offrons tous nos plaisirs de façon non « disciplinée », nous devrions dire que nous nous offrons des « douceurs ». Ainsi, nous aurions l'impression de prendre soin de nous et non de nuire à notre plan alimentaire.

Obligations vs discipline

Obligations et punitions, encore et toujours. Sommes-nous à l'école ou dans l'armée pour nous imposer de telles lois ? Comme nous sommes exigeants envers nous-mêmes ! Aurions-nous encore besoin de la pression que nos parents exerçaient sur nous lorsque nous étions jeunes ? Poser une action par « obligation » rapporte rarement des bénéfices. Au lieu d'être responsable, tu reprends le statut de victime, d'enfant. Le choix n'y a pas sa place. Le mot « discipline » pourrait être utilisé en remplacement du mot « obligation » car c'est en fait un choix de vie, une manière d'arriver à tes fins. De façon répétitive, tu donnes de l'amour à ton corps, tu le sécurises de façon responsable. Quand tu choisis de suivre une «discipline», un plan alimentaire, durant la semaine, tu dois absolument supprimer les : « il faut que » et « je dois ». Ils relèvent de l'obligation et non du choix.

Maigrir vs amincir

Tout au long du livre, je fais une différence entre le mot « maigrir » et « amincir » car il y a une nuance importante à faire. « Maigrir » = résultats malsains, visage creux, présence du gras, moins de muscle. « Amincir » = résultats sains, visage ravissant, moins de gras, plus de muscle.

Constater vs juger

Admettons que je vois une grosse dame traverser la rue et que je dise : « Cette dame est grosse ! » Je ne juge pas, je constate. Si j'avais dit : «Cette dame est grosse, elle doit manger beaucoup de frites», j'aurais porté un jugement. Qui sait ? Elle ne mange peut-être que de la salade à longueur de jour ! Il faut bien faire la différence entre le constat et le jugement.

Se protéger vs s'immuniser

Quelle est la différence entre « se protéger » et « s'immuniser » ?
« Se protéger » cause les amas de graisse. Nous nous servons du gras pour « nous protéger ». « S'immuniser » signifie ne pas être affecté, donc ne pas être « infecté » par ce que les autres peuvent dire ou penser. Nous n'avons pas besoin de protection physique, nous n'apportons plus d'attention aux autres. Quand ils parlent, nous sommes détachés d'eux.

Changer vs s'améliorer

Changer, c'est maintenant et pour toujours. S'améliorer peut prendre une éternité.

S'excuser vs être désolé

Tu as appris à toujours « excuser » tes agissements au lieu de les assumer. Prends ta place. Tu ne devrais t'excuser que lorsque tu fais du mal intentionnellement. Sinon, tu ne peux qu'être « désolé » d'une situation.

Mérite vs chance

Dans la vie, tout ce que tu as, tu le mérites. Est-ce suffisamment clair ? Il n'y a aucune chance ou hasard. La vie n'est pas une question de destin. Au lieu d'envier les autres, prends le contrôle de ta vie. Attires-toi ce que tu veux.

Égoïsme vs égocentrisme

Un égoïste est une personne qui s'aime, qui s'écoute, se respecte se détache de ce que pensent les autres. Elle se choisit. Les gens l'envient. Au fond, ils aimeraient être comme elle. Un égocentrique attend que les autres comblent une carence. Il se sert des autres pour arriver à ses fins. Il a besoin des autres.

Espérer vs agir

Espérer, c'est croire en étant conscient que le but visé ne sera pas atteint et qu'il est peu probable qu'il le soit.
Agir, c'est prendre des mesures, agir en toute confiance sachant que notre objectif sera atteint avec la certitude absolue.

Sauveuse de l'humanité vs maternelle

Il y a une différence entre être « maternelle » et vouloir sauver l'humanité.

La personne maternelle inonde les autres de ses bons conseils, joue à l'infirmière, à la protectrice. Elle fera tout pour ceux qu'elle aime. On dira d'elle que c'est une bonne mère, qu'elle est gentille et tellement dévouée! En fait, c'est une personne qui s'oublie et qui fait passer les autres avant elle. Si tu es toujours au-devant des besoins de ceux que tu aimes, si tu veux les soigner, les protéger et leur dire comment agir, tu es une personne maternelle.

La « sauveuse de l'humanité » protège à outrance ceux qu'elle aime. Elle détestera ceux qui ont dit du mal de ceux qu'elle aime. Elle sera en froid avec toutes les personnes qui sont en froid avec ceux qu'elle aime. Elle devient ceux qu'elle aime en épousant leurs peines, leurs rancunes, leurs souffrances, leurs haines et leurs amours. Si tu hais des gens qui ne t'ont jamais rien fait personnellement mais pour ce qu'ils ont fait à quelqu'un que tu aimes, tu es une « sauveuse de l'humanité ».

Dans les deux cas, inévitablement, la graisse s'accumule : sur les seins pour les personnes maternelles et sur les cuisses pour les « sauveuses ».

Tomber vs devenir

« Tomber » en amour représente un amour qui nous déstabilise, par conséquence notre niveau émotionnel n'est pas positif (*manipulation, dépendance, peur, insécurité, stress, impulsivité*). Je suggère de «devenir» en amour ! Nos émotions sont alors guidées par le véritable amour, donc, automatiquement, elles sont dans une sphère d'actions positives (*confiance, sécurité, joie de vivre, sentiment de liberté, calme, bien-être, respect*).
« Tomber » en vacances. Est-ce que ça fait mal d'être en vacances ?
« Tomber » célibataire. Est-ce que votre relation n'était pas équilibrée et qu'elle comportait trop de hauts ? En mettant fin à cette relation, vous vous retrouvez dans un creux de votre vie ?

« Tomber » enceinte. Est-ce que ce merveilleux cadeau que la vie vous offre ne serait pas plutôt une descente aux enfers à vos yeux ? Si vous êtes la plus heureuse des personnes car vous donnerez la vie à un être humain, c'est que vous « devenez » enceinte !

« L'êtrehumain est ainsi construit qu'il est continuellement obligé de sortir de lui-même. Dès l'instant où il se réveille le matin, il sort, c'est-à-dire il regarde, il écoute, il parle, il quitte sa maison pour aller au travail ou dans les magasins, il va visiter des amis, se distraire, se promener, voyager. C'est très bien, mais à la longue, il se laisse tellement prendre par toutes ces activités extérieures qu'il finit par perdre le contact avec lui-même, il ne sait plus véritablement qui il est. Et à partir de ce moment-là, non seulement il n'y voit plus clair dans les situations et commet des erreurs, mais il s'affaiblit, et le moindre choc, la moindre contrariété le laissent désemparé. Il est normal que l'homme sorte de lui-même, chaque contact avec le monde extérieur l'oblige à sortir. Mais pour ne pas partir à la dérive, il doit sans cesse veiller à rétablir l'équilibre entre l'extérieur et l'intérieur, la périphérie et le centre, la matière et l'esprit. »

Omraam Mikhaël Aïvanhov

Témoignage

Suzie, tu es la meilleure! La première fois que j'ai entendu parler de toi, j'ai pensé que je devais te rencontrer. Quatre mois plus tard, je suis tellement heureux que tu sois dans ma vie ! Je me suis énormément développé à ton contact et je constate que j'ai eu raison de suivre tes conseils sans me poser de questions. Je ne venais pas te voir pour des questions de poids, mais je vois aujourd'hui que le principe du beau en dehors comme en dedans est tellement vrai. Tout mon entourage a remarqué mon amincissement de plus 20 livres. Quelques-uns, plus perspicaces, ont aussi remarqué le changement de qualité de ma peau sur laquelle tu as mis beaucoup d'attention. À ma grande surprise, les gens au travail, ma famille et mes amis me complimentent sur mon apparence. Côté intérieur, je me suis libéré d'une tonne d'émotions qui étaient figées en moi et qui m'empoisonnaient la vie. Tu m'as aidé à sortir de mon cocon dans lequel j'étais trop bien installé, et de passer de larve à papillon. Bien sûr le travail est en cours, mais, je n'ai aucun doute que je vais continuer à gravir les marches grâce à ton appui et à tes judicieux conseils.

Jimmy Gauvin

Franchir ses propres peurs

Il faut être ouvert aux signes que la vie t'offre avant qu'elle ne te mette au pied du mur. Quand tu envoies une demande, la vie te répond tout comme ton corps le fait.

J'espère qu'après la lecture de ce livre, tu n'auras plus envie d'en lire aucun autre sur le sujet ! J'espère que tu auras envie de passer à l'action, de te débarrasser de tes livres en trop, de tes malaises et de ta bibliothèque si lourde à porter.

J'en ai lu des livres ! Je pourrais même jouer sur les mots et dire que j'en ai gagné et même perdu des livres. Maintenant c'est à mon tour d'écrire. En vérité, c'est grâce à mon entourage et aux gens que je rencontre en consultation dans le cadre de mon travail de thérapeute que j'ai écrit ce livre. Il est le résultat de mes constatations. Je propose des solutions qui donnent des résultats positifs aux gens qui me consultent directement. Le bouche-à-oreille est alors la meilleure des tribunes publicitaires. Le sourire des gens fait le travail tout seul, ce qui est merveilleux.

Toutefois, mon désir de toucher encore plus de gens s'est avéré si fort qu'il m'a amenée à affronter mes peurs. J'ai déjà été victime de la peur moi aussi. J'ai toujours détesté l'écriture. Les personnes qui me connaissent savent que je n'apporte aucune importance à la façon dont j'écris, que je ne me soucie guère de l'orthographe des mots mais que j'apporte beaucoup d'importance aux résultats finaux, à la compréhension du message à faire passer. Encore une fois, j'avais peur du jugement. Quand on me proposait d'écrire un livre, je repoussais l'idée et je me donnais toutes les excuses possibles. Les peurs cachent souvent un manque de confiance en soi car on sait qu'on ne maîtrise pas encore une sphère précise d'activités. Donc, on a deux choix. Soit on l'apprend et on se donne alors le droit de se découvrir de merveilleux talents soit on demande de l'aide. Si ça ne nous intéresse pas d'apprendre, il y a d'autres personnes qui excellent dans ce domaine. Alors, on les encourage, on leur fait confiance et on enlève ce poids de nos épaules. C'est ce que j'ai fait avec ce livre afin de m'assurer qu'il soit écrit correctement.

Une fois en marche, on ne peut plus arrêter le courant d'énergie. Les résultats sont grands et valorisants quand on affronte ses peurs. Me voilà heureuse et épanouie. Me voilà valorisée par le sentiment d'aide, car je sais que ce livre t'aidera.

« Il y a une leçon à tirer de la manière dont le serpent change de peau. Le serpent sent qu'une nouvelle peau s'est formée sous l'ancienne, il cherche alors dans les rochers une fissure ou un trou étroit, et il s'y faufile. C'est difficile, il doit forcer pour passer par… la « porte étroite ». Mais au sortir du passage étroit, le serpent possède une peau neuve, l'ancienne a été arrachée. De la même façon, chacun de nous doit passer aussi un jour par la « porte étroite» afin de perdre savieille peau, c'est-à-dire ses vieilles conceptions, ses vieilles habitudes, ses vieux raisonnements. Pour vous aussi ce moment viendra. Ce sera, bien sûr, un passage difficile, mais ne vous troublez pas, n'ayez pas peur, réjouissez-vous de perdre votre vieille peau pour devenir un être nouveau avec une compréhension plus large, un cœur plus généreux et un comportement qui n'apportera aux autres que des bénédictions. »

Omraam Mikhaël Aïvanhov

Témoignage

J'ai des rencontres avec toi depuis quelques mois déjà. Avec le recul, je me dis qu'il n'y a pas de hasard dans notre rencontre. La première fois que je t'ai rencontrée, j'ai trouvé que tu étais directe, sûre de toi. Je crois que tout le monde a besoin d'une préparation avant d'aller te rencontrer. Je m'explique. Quand on va te rencontrer, c'est pour travailler sur nous-mêmes et avancer. Il faut être, du moins en partie, conscient de ce qui cloche. Moi, avant de te rencontrer, ça faisait un an que je rencontrais des gens qui me disaient à peu près tous la même chose que toi mais toujours en douceur de sorte que je sortais de mes rencontres en me disant que j'avais mis le doigt sur quelque chose mais en n'ayant aucune solution pour régler la situation. Je commençais à me demander si j' étais sur la bonne voie. À ma première rencontre avec toi, tu m'as dit directement que j' étais en train de mourir, que c'était complètement idiot ce que j'étais en train de faire, que j'avais des cuisses de grand-mère... et j'en passe ! Je suis repartie complètement chamboulée mais, j'ai tout de suite senti que tu étais la personne que je recherchais. J'ai annulé tous mes autres rendez-vous et depuis, je ne vois que toi. Pour le moment, physiquement je n'ai pas beaucoup changé mais, à l'intérieur de moi l' évolution est incroyable. Je ne suis plus la même personne qu'au début de nos rencontres. J'ai confiance en mes capacités, je suis forte, belle et je suis de plus en plus en mesure d'assumer mes idées et mes opinions. Certaines personnes reviennent te voir après avoir consulté ailleurs ou après avoir pensé à ce que tu leur a dit parce qu'ils sont maintenant conscients de leurs problèmes et prêts à entendre quelqu'un qui leur dise la vérité. Je crois tout simplement que pour se faire dire certaines choses sur nous-mêmes, il faut être prêts et en être conscients. On ne commence pas notre évolution avec toi, on la termine. Tout n'est pas encore parfait dans ma vie mais, je sais maintenant que je suis sur la bonne voie. Merci Suzie.

Amélie Lessard

Mes expériences et mon cheminement

Laisse-moi remonter le temps, jusqu'à mes débuts il y a quelques années, afin de te raconter les étapes de mon parcours débuté par une réflexion sur ma santé.

Stimulée par mon propre besoin de trouver l'équilibre, j'ai lu à peu près tout sur ce qui concerne les aliments, les diètes, les « régimes », les barres protéinées et les suppléments alimentaires. Je m'entraînais et j'essayais de bien manger. Par la suite, la santé, l'alimentation et les suppléments alimentaires sont devenus de véritables passions. Je me documentais, je m'éduquais, j'étudiais, j'apprenais et cela se reflétait sur ma vie en général.

Tout allait de mieux en mieux. Je reprenais le contrôle sur ma vie. Les montagnes de problèmes diminuaient pour dévoiler un chemin moins orageux devant moi.

Un jour, j'ai décidé de devenir entraîneur dans un gymnase et de parfaire mes connaissances en suivant une formation en diététique sportive. Toutefois, je n'arrivais pas à comprendre pourquoi certaines personnes qui s'entraînaient depuis plusieurs mois conservaient la même apparence. Je me disais qu'elles devaient se sentir bien découragées et qu'elles faisaient preuve de beaucoup de persévérance.

Mais qu'est-ce qui pouvait bien freiner leur perte de poids ?

Je sympathisais et je comprenais. Je connaissais la différence entre vivre avec du gras et ne pas s'aimer par rapport à vivre sans gras et s'aimer. J'avais personnellement retrouvé une belle forme physique et je m'aimais. À cette étape de ma vie, j'entretenais une discipline

alimentaire restrictive. J'en faisais mon objectif de vie. Un soir, alors que je rentrais à la maison, je me suis dit que j'aimerais aider ces gens davantage en créant des plans alimentaires personnalisés.
Je me suis d'abord basée sur plusieurs plans alimentaires déjà existants (*groupes sanguins, glandes, hormones*) mais qui n'incluaient pas les exceptions. Je voulais avoir une approche personnalisée, plus simple à comprendre et à suivre. Je voulais surtout un plan alimentaire qui donne des résultats durables sans les constantes privations.

J'avais besoin de volontaires que j'ai trouvés rapidement. Demande à la vie et elle te l'offre ! Un couple désireux d'améliorer leur santé et d'avoir des corps sveltes s'est présenté pour tester mes plans alimentaires. Sans surprise, après quelques mois, ils ont obtenu des résultats spectaculaires. La dame prenait des médicaments contre l'hypertension et voulait s'en débarrasser, s'en libérer. Son médecin lui avait suggéré de diminuer son poids avant d'entrevoir cette possibilité. Deux mois plus tard et 10 livres en moins, ses médicaments sont devenus inutiles, elle n'en avait plus besoin. J'étais vraiment excitée et stimulée par ces résultats. Son conjoint, quant à lui, avait des rages de sel. Après seulement deux semaines, elles ont disparues. De plus, il avait un gros ventre qu'il souhaitait perdre. Il avait suivi, en vain, plusieurs diètes au cours desquelles il perdait du gras aux bras et aux jambes mais pas au ventre. Ensemble, nous avons ciblé ce problème et, en y mettant toute notre attention, son ventre a fondu à vue d'œil.

Les gens autour d'eux constataient ces résultats et voulaient connaître leur secret. Je me suis vite retrouvée avec plusieurs demandes de gens qui désiraient « amincir ». La partie venait de commencer ! C'était le frère, la mère, la sœur, la grand-mère, tous voulaient connaître ma méthode. Après deux à trois semaines, on pouvait voir les résultats et après la quatrième semaine, on y voyait quasiment de la magie. En l'espace d'un an, j'ai aidé près de 250 personnes.

Perfectionniste et exigeante, j'investiguais aussitôt que j'entendais quelqu'un se plaindre. Certains facteurs incontrôlables se sont manifestés. Il fallait que je sache ce qui clochait. Comment se faisait-il que j'obtenais d'excellents résultats avec une personne et que ça ne fonctionnait pas, ou moins bien, avec d'autres ? L'une me promettait qu'elle suivait mes instructions à la lettre mais n'atteignait pas les résultats escomptés. Une autre ne pouvait s'empêcher de manger, manquait de persévérance et flanchait. Une autre encore prenait du poids sur le pèse-personne, mais flottait dans ses vêtements. J'étais étourdie et obsédée par les questions que les gens me posaient et que je me posais moi- même. Je voulais comprendre.

Ces cas précis me laissaient perplexe. Je ne pouvais m'empêcher d'essayer de trouver des solutions. Aujourd'hui, je remercie ces cas spéciaux car ce sont eux qui m'ont permis de comprendre le fonctionnement réel de notre corps.

Rapidement, je n'ai plus eu suffisamment de temps pour poursuivre mon travail d'entraîneur. Mes employeurs, voyant le succès de mes rencontres, m'ont proposé de faire des consultations privées dans leur bureau. Cependant, la proximité du gymnase gênait certaines personnes et les empêchait de venir me rencontrer. J'ai alors pensé que ce serait bien d'avoir un bureau à la maison mais, à ce stade de ma vie, la peur accompagnait encore mes pensées. Je n'étais pas prête à risquer ma stabilité financière en faisant le grand saut de travailleur salarié vers celui de travailleur autonome. C'est l'envie et le besoin d'aider qui m'ont finalement poussée à le faire. Je partageais alors mon horaire entre le gymnase, à titre d'entraîneur, et les heures passées à la maison en consultations privées. Mes peurs ont rapidement été balayées par le volume de demandes. Le temps que je consacrais aux consultations privées est rapidement passé de 10 à 60 heures par semaine. À un certain moment, il fallait attendre jusqu'à trois mois pour obtenir un rendez-vous !

En bonne «sauveuse de l'humanité», je répondais à toutes les demandes. Je comprenais les gens et leur besoin urgent de vouloir «amincir». Je faisais beaucoup de temps supplémentaire. De plus, en bonne «Mère Térésa» que j'étais, le montant exigé pour mes consultations était dérisoire. Parallèlement à mon besoin d'aider, j'étais appelée à évoluer moi aussi, car je m'oubliais totalement.

Ma technique était la suivante : Je prenais le pourcentage de gras de la personne. Je notais les endroits où il y avait plus de gras et cela m'indiquait la glande qui était surexcitée ou déstabilisée. Le but étant de calmer cette glande, je recommandais certains aliments spécifiques et la personne éliminait son gras sur les parties de son corps que j'avais identifiées. Je me fiais toujours au visage. C'était en l'observant que je pouvais savoir si le plan avait été suivi correctement ou non. S'il creusait, c'était mauvais signe. Je suivais chaque personne de près et j'analysais ses réactions.

Cependant, je me rendais compte que, malgré l'efficacité de ma technique, les gens manquaient de motivation. Ils n'aimaient pas les privations nécessaires à la réussite de leur plan. J'obtenais de bons résultats mais, il y avait toujours des exceptions. Je ne pouvais quand même pas demander à un adolescent ou à une femme enceinte de restreindre leurs portions.

Il en était de même pour moi. Je trouvais difficile de me priver constamment. La vie ne serait-elle pas magnifique si on pouvait manger librement et selon ses goûts ? Ayant acquis plus de confiance en moi, je me suis risquée à créer de nouveaux plans, encore plus personnalisés. Mon inspiration me guidait de plus en plus vers l'écoute du corps. J'étais plus réceptive que lorsque je m'imposais stress et pression. Au lieu de délaisser ma logique, je l'ai jointe à mes intuitions.

Plus je m'arrêtais et plus j'écoutais. Plus je souhaitais comprendre et plus la vie me poussait à écouter ma spontanéité. Un jour, alors que je calculais le pourcentage de gras d'une personne, je me suis mise à avoir des visions, à ressentir son corps. Alors que je touchais son gras, je ressentais ses émotions. Par exemple, lorsque j'arrivais à son ventre, je ressentais sa colère et sa culpabilité, dans son dos, la trahison, l'abandon et l'insécurité. Quel était le lien avec le gras ? Voilà ! J'avais enfin compris alors que le gras est une protection que l'on dépose par-dessus son enfant intérieur. Quelle découverte! Je voulais en savoir plus, j'étais curieuse, je voulais comprendre ce que cela signifiait. Je me suis mise alors à rêver et pas uniquement la nuit mais durant le jour, pendant mes consultations. Je recevais des déclics.

Le cheminement ne peut se faire tant qu'il n'y a pas de déclic. Nous devons associer les concepts de la vie à notre vie et comprendre comment les appliquer. Tant que le déclic n'est pas fait, nous ne pouvons pas mettre le concept de vie en pratique.

À partir de ce moment, j'ai pris conscience de ma force. Oui, j'avais bel et bien un don ! À première vue, cela peut paraître facile, mais j'ai dû me prouver à moi-même que j'avais raison. J'ai alors travaillé davantage à comprendre ce qui m'arrivait. C'était, en quelque sorte, du mentalisme. Tout m'apparaissait en toute simplicité. Je crois que j'étais tellement fatiguée de voir à travers des verres teintés et égratignés, que j'ai décidé de les enlever et voilà que tout s'éclaircissait.

Encouragée par cette découverte, j'ai ajouté à ma méthode des éléments plus raffinés. J'ai alors suivi une formation pour devenir naturothérapeute en plus d'autres cours qui pouvaient être susceptibles de m'aider à parfaire mes connaissances et à stimuler mon don. Je me suis familiarisée avec divers outils de travail tels que l'analyse sanguine, l'hypnose et le « coaching ». De plus, en associant à mes conseils une gamme de produits naturels en lesquels j'avais confiance, je pouvais enfin offrir un nettoyage corporel complet et équilibré. Un esprit ne peut être sain que dans un corps sain.

J'avais là tous les éléments pour fonder la *Clinique Santé Alimentation Revivre*.

« Tous les matérialistes qui n'ont jamais rien fait pour rendre leur monde intérieur habitable, ne pensent qu' à aller se distraire à l'extérieur. Dès qu'ils se retrouvent seuls avec eux-mêmes, ils s'ennuient, c'est la misère. Le spiritualiste, au contraire, a si bien su ordonner, embellir son monde intérieur qu'il n'y manque rien : la poésie, les couleurs, la musique... Toute la beauté est là, et il souffre quand il est obligé de « sortir » et d'abandonner cette beauté. Alors maintenant, réfléchissez... Combien de temps êtes-vous avec les autres? Quelques minutes, quelques heures ? Et combien de temps êtes-vous avec vous-même ? Sans cesse, jour et nuit. Eh bien, ne trouvez-vous pas qu'il est beaucoup plus important d'améliorer l'endroit dont vous ne sortez jamais ? Pourquoi laissez- vous votre espace intérieur délabré comme un taudis, une mansarde où les vitres sont cassées, où les araignées se promènent au plafond, où les souris s'en donnent à cœur joie ? »

Omraam Mikhaël Aïvanhov

Témoignage

(...) Que faisons-nous avec la vie ? Avons-n ous un contrôle sur celle-ci? Sommes-nous nés juste pour être présent sur cette terre ? Sommes-nous pré-programmés pour être heureux ou malheureux, riche ou pauvre, en santé ou malade ?

À l'aube de mes 52 ans, j'ai pris la décision de me prendre en main. Malgré ma famille, ma maison, mon argent et tout ce que je possède, pourquoi au fond de moi, je ne suis pas au sommet de mon épanouissement personnel ? Ayant pris la décision de me prendre en main, j'ai discuté de ce sujet lors d'un souper de Noël et la vie a fait qu'il y avait à cette table une personne dont l'amie vivait le même cheminement que moi. J'ai pris contact avec cette personne et elle m'a fait connaître Suzie Chouinard. Depuis ce jour, je ne suis plus le même homme et les gens autour de moi me le disent sans même être au courant de mon cheminement. Je me suis senti à l'aise tout de suite avec toi, tu es directe, honnête et tu as tout un vécu. Pourquoi demander à une personne obèse de me dire comment maigrir si elle-même a un surplus de poids ? J'ai alors décidé de te faire confiance à 100 % et sans condition. Je sais que tu peux m'apprendre à être mieux dans ma peau, car tu l'as fait. Je sais que tu peux me dire quoi faire avec mes bibittes, car tu es passé par cette étape. Merci pour ton temps, ton expérience, ton écoute et tes précieux conseils. Je te souhaite longue vie dans ton domaine et continue à aider les gens.

Claude Poulin

Témoignage

Aujourd'hui est le premier jour du reste de ma vie, et cela a commencé le 13 septembre 2010. Renaître, revivre, tel était mon espérance. Je suis arrivée à toi par la porte de côté. J'avais peur et, en même temps, j'étais prête à m'abandonner. Je ne trouvais plus d'issue et je sentais que si je ne faisais rien, CE SERAIT LA MORT ! Toutes ces années où, jour après jour, j'ai accumulé, où je n'ai pas vraiment exprimé le fond de ma pensée et où ma vie a été menée par les autres. Je ne savais plus qui j'étais. L'avais-je déjà su ? Tu m'as dit ceci et, à chaque jour, je me le rappelle : « Tu as été élevé comme un bouleau mais tu es un chêne. » Que c'était beau d'entendre ça ! J'ai perdu du poids certes, mais ce qui me surprend le plus c'est que les gens ne le voient pas. Certains me disent : « Tu as quelque chose qui a changé » et cela, je te le dois. C'est sûr que tu brasses, tu parles fort et tu ne te gênes pas pour dire les choses qui nous vont droit au cœur. Tu m'as touchée, tu m'as bousculée, tu m'as émue, tu m'as fait rire et pleurer aussi. J'apprécie chacune de nos rencontres et comme tu sais que l'on ne retient que 20 % de ce qu'on entend, ça prendra du temps ! Il est important que tu saches que ton travail porte ses fruits et, comme pour le jardinier, tu ne peux récolter le lendemain les carottes que tu as semées le jour même, alors laisse-moi du temps. Ça fait 52 ans que je suis encrassée, j'en ai épais à retirer. Le message passe Suzie, il fait son chemin. Je marche sur le même sol depuis si longtemps. C'était ma sécurité et là, tu me demandes de traverser sur un sol gélatineux qui semble plus confortable et plus moelleux mais qui m'effraie. Ne me lâche pas, ne m'abandonne pas. Je t 'ai ouvert les bras. Merci de m'accueillir si gentiment. Continue ce magnifique travail. Tu es la lumière. Tu es ma lumière et un jour tu seras fière de moi. Mille mercis !

Linda Masson

Logique versus intuition (*émotion*)

Parmi mes clients se trouvent des thérapeutes, des médecins, des psychologues qui me ramènent toujours leurs explications logiques : «Je mange mal, je bois de la bière, je suis sédentaire, je travaille assis, j'ai une forte ossature, j'ai cessé de fumer, je dors mal, je suis en pleine ménopause, c'est héréditaire », et quoi d'autre encore ? Tous ces prétextes et ces excuses complaisent l'ego. Il existe des thérapeutes mal chaussés. Étant thérapeute moi-même, je suis la première à dire que nous devons commencer par nous aider avant d'aider les autres. Ce que l'on montre aux autres, on doit d'abord l'avoir nous-mêmes appris, compris et mis en pratique. La plupart des thérapeutes se prennent pour des modèles. Ils projettent leurs propres besoins sur leurs patients et les empêchent même ainsi de guérir. Lors des thérapies que j'ai suivies, j'ai souvent rencontré des thérapeutes qui avaient des problèmes de couple, d'argent, de maladie, de surpoids et ça, ce n'est pas normal ! Comment peut-on dire d'un fruit qu'il est bon sans même y avoir goûté? Comment peut-on vraiment décrire l'authenticité d'un film, sans même l'avoir vu ? Comment peut-on donner des conseils sur un aspect de la vie que l'on n'a pas encore réussi à maîtriser ? VIVRE c'est RESSENTIR.

Un thérapeute peut être inspiré et avoir le goût de partager un message. Cependant, si cette personne n'a pas VÉCU ce qu'elle suggère, le message n'aura pas le même impact ni la même crédibilité. Cela explique, par exemple, pourquoi même après avoir lu plusieurs livres sur le pardon, certaines personnes restent incapables de pardonner. Souvent, les gens écrivent des livres pour eux-mêmes, afin de concrétiser leurs idées.

Fais ce que je fais et non ce que je dis, je t'en prie !

Il est plutôt difficile de croire une diététicienne qui affiche un surplus de poids ou un psychologue dont la propre vie est sens dessus dessous. Que dire de celui qui vend des produits naturels mais qui n'est pas en santé ? Une personne très ridée qui essaie de vendre une crème anti-rides révolutionnaire n'est pas crédible ! Je suis convaincue que leurs intentions ne sont pas mauvaises, mais je ne peux pas faire confiance à des gens qui n'arrivent pas à appliquer sur eux-mêmes ce qu'ils essaient de nous vendre. C'est comme une esthéticienne dont le visage est rempli d'acné !

Comment savoir si une situation vaut la peine d'être vécue ? Arrêtes-toi, écoute le rythme de ton cœur et tu sauras.

Il faut tout d'abord accepter que ton corps te parle. Chaque partie du corps qui affiche un surplus de gras ou qui est douloureuse (*les seins, le derrière du bras, les pectoraux, le haut, le milieu, et le bas du dos, la taille, le haut et bas du ventre, les cuisses, les fesses*) tente de te transmettre une information, c'est un blocage. Ton corps te dit : « Une émotion est actuellement en déséquilibre, SVP bien vouloir la rétablir ! »

« Ceux qui prétendent que l'on peut devenir un Initié, un Maître en quelques mois, ou même en quelques années, non seulement se trompent, mais ils trompent aussi les autres. La connaissance de quelques pratiques spirituelles ne suffit pas pour devenir un Maître capable d'instruire des disciples. Pour être capable de guider les autres dans la voie spirituelle, il faut avoir étudié et s'être exercé très longtemps, sinon on va au-devant de catastrophes et pour soi-même et pour les autres. Bien sûr, quel que soit le niveau où l'on est arrivé, on peut communiquer ce que l'on sait déjà. Mais ce qu'on ne doit jamais faire, c'est enseigner ce qu'on ne sait pas et qu'on n'est pas capable de réaliser. Car un aveugle qui veut conduire d'autres aveugles les entraîne avec lui dans les précipices, on a souvent vu cela. Alors, ne vous leurrez pas, le chemin de l'Initiation est très long et très difficile. »

Omraam Mikhaël Aïvanhov

Différence entre amincir et maigrir

Maigre	Mince

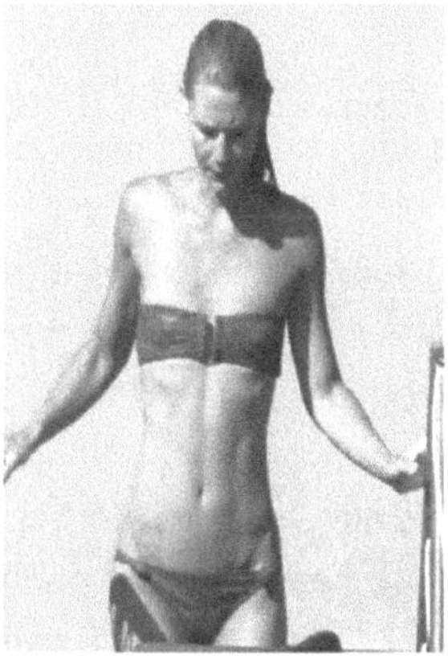

Molle = + Gras = - Muscles = + Léger ≠ Santé	Ferme = - Gras = + Muscles = + Lourd = Santé

Muscles = Pesant

Transformation du corps :
- 80% = Alimentation
- 20% = Efforts physiques

Donc, 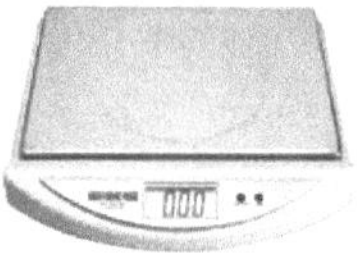 = Négatif

Pourquoi relier les émotions au poids et aux malaises ? Parce que ce sont elles qui déterminent la lourdeur de ton corps par rapport à ton énergie vitale. Lorsque tu es en amour, tu es en confiance, tu te sens léger, invincible, capable d'escalader n'importe quelle montagne. Lorsque tu as de la peine, tu ressens un poids sur tes épaules, lorsque tu as peur, tu as les jambes lourdes, tu t'endors mais sans être capable de vraiment dormir, tu n'as aucun courage, aucune force. Ta tête est en conflit avec ton cœur et ton corps.

Tout ce qui est logique peut sembler facile à suivre, mais en es- tu réellement capable ? Est-ce que tu dois contrôler ton cœur et l'amener à se battre et à réagir ? Tu dois travailler avec les deux aspects à la fois (*la tête et le cœur*) et passer à l'action en considérant ces deux moteurs. L'un ne va pas sans l'autre.

Le gras « me parle » et je ressens l'émotion qui se cache derrière le gras de la personne analysée. Quand on étudie ce genre de phénomène, on est partagé entre la logique et le « ressenti ». Tel que je l'ai mentionné précédemment, j'ai décidé de suivre ce « ressenti » et non seulement la logique et ses lois physiques.

Voici une série de questions qui me sont régulièrement posées. Il est intéressant de voir l'évolution de ma compréhension dans mes réponses faisant appel à la logique par rapport à celles faisant appel à l'intuition.

1. *Je suis souvent constipé. Est-ce normal ?*

Réponse logique (*L*) : La constipation n'est pas une chose normale, elle est causée par le stress. Je peux élaborer un plan alimentaire qui améliore ton métabolisme à tous les niveaux (*stress, foie, intestins, digestion, gras et muscles*). Chaque aliment accomplit un travail, alors si le corps ne veut pas l'éliminer, c'est qu'il en a besoin. Après quelques jours, tout reviendra à la normale.

Réponse intuitive (*I*) : La constipation se manifeste chez les personnes renfermées qui accumulent leurs émotions à l'intérieur d'eux-mêmes.

Dès qu'elles commencent à s'affirmer et à s'extérioriser, tout revient dans l'ordre.

Il est à noter que ce n'est pas parce que tu élimines que tu «amincis» pour autant. L'inverse s'applique également. Tu peux «amincir » même si tu n'élimines pas davantage. Le corps élimine ce dont il n'a pas besoin par lui-même.

2. *Je n'ai plus faim ! Dois-je vraiment manger tout ce qu'il y a dans mon assiette ?*

Réponse logique (*L*) : C'est normal, le temps que le corps se débarrasse des toxines, que le foie fasse place aux bons aliments et élimine les mauvais. La faim reviendra par la suite.

Réponse intuitive (*I*) : Tu n'es pas un « corps » à vidanges. Mange lentement, à ta faim, sans te goinfrer.

Que tu sois au restaurant ou chez des amis, s'il y a un surplus de nourriture dans ton assiette, ne te sens pas obligé de tout manger pour éviter le gaspillage. La culpabilité qu'engendre le gaspillage ne doit pas être ressentie. Tu ne peux pas porter le sort de la terre entière sur tes épaules. Oui, c'est malheureux de jeter de la nourriture mais ne prends pas cette responsabilité sur tes épaules, sur ton corps. De toute façon, ton corps te démontrera bien son mécontentement en te donnant mal au cœur. Mange à ta faim et cesse de t'en faire pour les autres. Accueille l'abondance sans te sentir redevable. Quand c'est à toi de recevoir, si tu préfères poser des gestes pour éviter ce genre de gaspillage, fais-le pour te donner bonne conscience, c'est tout.

3. *Durant la première semaine du plan alimentaire, j'ai eu mal à la tête et j'ai eu mal au cœur. Je me suis senti fatigué, j'ai eu mal au foie et au bas du dos. Mes membres étaient engourdis. Est-ce normal ?*

Réponse logique (*L*) : Durant la première semaine, le corps doit évacuer les toxines du métabolisme, alors il réagit fortement.

Réponse intuitive (*I*): Lorsque tu es venu en consultation, tu as fait des prises de conscience. Ton corps procède à sa guérison avec une nouvelle énergie qui commence à circuler en toi. Cette énergie était bloquée à cause des émotions accumulées. Si le malaise persiste durant plus d'un jour, c'est un message que ton corps t'envoie. Respire, ce n'est qu'un symptôme comparable à un bouton sur la peau du visage qui souvent disparaît très rapidement. Sois patient avant de commencer à te faire peur et à t'inventer des histoires. Laisse le temps agir.

4. *Comment puis-je développer ma musculature sans m'entraîner ?*

Réponse logique (*L*) : Nous possédons tous une carcasse constituée d'os, d'organes, de muscles, d'eau et de gras. Tu dois nourrir tes fibres musculaires afin de les préserver, sans quoi, elles s'atrophient. Avec les bons aliments, choisis en fonction de ton métabolisme, de tes fibres musculaires, de ton ossature et de ta taille, tu préserves ta carcasse pour demeurer en santé et conserver ton énergie ; pour aller au-delà de ta carcasse, il faut recourir à l'entraînement.

Réponse intuitive (*I*) : La musculature est l'enfant intérieur qui est en toi, qui veut prendre sa place ici sur cette terre. Plus il prendra sa place, plus ta musculature se développera.

5. *Durant mon plan alimentaire, après les fins de semaine « de congé », les lundis et mardis, je me sens mal et gonflé. Est-ce normal ?*

Réponse logique (*L*) : Cela survient tout de suite après une fin de semaine où tu as consommé des aliments qui ne figurent pas dans ton plan, qui contiennent plus de sel, de gras ou de sucre. Le corps fait alors de la rétention d'eau qui disparaît au bout d'une ou deux journées.

Réponse intuitive (*I*) : Si tu te sens gonflé, revois tes pensées de la fin de semaine. Est-ce que ces phrases envahissaient ton esprit ? : « Si je mange ce que je veux, je vais engraisser. Je vais tout reprendre le poids éliminé.» Tes pensées d'aujourd'hui reflètent ton corps de demain. Mange sans penser à rien comme un enfant qui mange des bonbons. Apprécie et savoure leur goût, leur texture, leur odeur. L'enfant ne se dit pas : « Si je mange un bonbon, je vais engraisser ». C'est sa mère qui lui met ça dans la tête, parce qu'elle a peur qu'il engraisse, et qu'il ait le même problème qu'elle. Elle lui transmet ses propres peurs. Le résultat est le même quand un enfant entend toujours sa mère se plaindre sur son propre poids, se priver et se dénigrer. Il veut que sa mère l'aime donc, il fait comme elle, sans savoir les conséquences que ce comportement aura sur son propre corps. L'enfant peut même engraisser tout en voyant sa mère « amincir ». L'enfant mange les émotions de sa mère nerveuse.

6. *Même si je suis mon plan alimentaire, je me sens l'estomac ballonné et j'ai des gaz. Est-ce normal ?*

Réponse logique (*L*) : C'est une indication qu'un repas n'a pas été pris au complet, qu'une collation n'a pas été prise ou que la quantité d'eau consommée est insuffisante ou trop importante.

Réponse intuitive (*I*) : Le ballonnement à l'estomac est relié à la culpabilité. Tu ressens sûrement de la culpabilité après avoir mangé un chocolat ou après avoir trop mangé. Tu te sens coupable et tu t'en veux. Ton corps n'apprécie pas la nourriture et la ballotte sur les parois de ton estomac comme s'il voulait s'en débarrasser.

7. *Durant la fin de semaine, dois-je prendre mes vitamines ?*
Dois-je respecter les mêmes heures de repas ?

Réponse logique (*L*) : La prise de suppléments et les heures de repas ne sont pas importantes durant la fin de semaine. Tu peux les prendre comme bon te semble sans culpabilité. Tu peux sauter des repas et des collations et faire ce dont tu as envie et, surtout, tu dois manger ce que ton corps demande sans aucune privation en lui disant qu'il n'a pas besoin de se gaver car il aura droit à ces douceurs pour toute sa vie, les fins de semaine.

Réponse intuitive (*I*) : La fin de semaine, mange tout ce dont tu as envie pour te sentir EN VIE. Tu dois favoriser des moments pour t'amuser et avoir du plaisir avec les aliments. De nos jours, les aliments sont perçus comme des ennemis par certaines personnes. Tu dois changer ta perception et voir la nourriture comme ta meilleure amie. Il faut avoir du plaisir à cuisiner et à essayer de nouvelles recettes même si les ingrédients semblent gras. Tu dois offrir une variété de saveurs à ton corps et le seul fait de manger doit être un plaisir, une fête.

8. *Pourquoi dois-je manger des féculents alors qu'ils sont censés faire engraisser ?*

Réponse logique (L) : Les féculents proposés dans ton plan alimentaire sont choisis en fonction de ton métabolisme. Si tu en consommes trop, tu prendras du poids et, si tu n'en consommes pas assez, tu feras de la rétention d'eau. C'est pour cela que je te donne la portion exacte pour bien les digérer. Au lieu de se transformer en tissus adipeux, ils nourriront tes muscles.

Réponse intuitive (I) : Si aujourd'hui tant de gens ne sont que « dans leur tête », il ne faut pas en être étonné. Ils ne mangent que des protéines, des légumes et des fruits. Les féculents (*faits coulants*) aident les gens à se connecter sur eux-mêmes, à laisser couler. Pourquoi y a-t-il autant de gens frustrés ? Parce qu'ils ne vivent plus et que tout ce qui les entoure est devenu un ennemi : le soleil, les crèmes, la nourriture, les autres !

9. *Est-ce que je suis « obligé » de boire de l'eau ? Les tisanes peuvent-elles remplacer l'eau ?*

Réponse logique (*L*) : Il faut prendre toute l'eau recommandée pour bien éliminer. Les tisanes ne remplacent pas l'eau car elles ont un effet déshydratant.

Réponse intuitive (*I*) : Le terme « obligation » ne fait aucunement partie des plans alimentaires. La consommation d'eau est très importante pour « amincir » mais, là encore, l'équilibre doit prédominer. En fait, l'eau nettoie, favorise l'élimination des impuretés et aide à l'hydratation de la peau.

Il faut faire la différence entre éliminer de l'eau et même se déshydrater et perdre du gras versus « amincir ». Pour les tisanes, je crois qu'il est bon d'être sélectif à l'achat des produits naturels. Ce ne sont pas des bonbons et, si tu prends n'importe quoi simplement parce que tu as vu la publicité à la télé, ton corps n'aura pas la bonne réaction. Il faut bien regarder les ingrédients et s'assurer qu'ils sont appropriés à tes besoins.

10. *Est-ce que je vais devoir toujours manger ce qui est indiqué dans mon plan et est-ce que je vais continuer à prendre des produits naturels?*

Réponse logique (*L*) : Oui, ton plan est un nouveau mode de vie pour être heureux. Les suppléments changent seulement si ton corps démontre une carence. Le but est d'arriver à une alimentation saine et complète sans ajout de supplément.

Réponse intuitive (*I*) : Le corps se régénère. Lorsque je revois la personne après deux ou quatre semaines, elle est déjà transformée au niveau corporel par ses pensées.

Pour que le métabolisme réagisse à une nouvelle habitude, cette dernière doit être soutenue durant un minimum de 21 jours. Normalement, à chaque mois, la personne élimine entre 2 et 6 % de sa masse graisseuse simplement par l'impact du changement.

11. *J'ai des poussées cutanées (des boutons) à la prise de certains produits. Est-ce normal ?*

Réponse logique (*L*) : C'est la désintoxication qui se concrétise. Elle libère les toxines par la peau.

Réponse intuitive (*I*) : Tous les moments de ta vie où tu ne te sentais pas bien dans ta peau et où tu ressentais du dédain envers toi-même se libèrent sous forme de toxines accompagnées parfois de démangeaisons. Les ressens-tu dans ton corps ?

12. *Puis-je vraiment « amincir » sans une diète restrictive ? J'ai l'impression que je mange beaucoup avec le plan alimentaire.*

Réponse logique (*L*) : Tu écoutes trop et te laisses influencer par ton entourage qui se complait dans la restriction. L'équilibre est et restera la meilleure des solutions. Ton corps a besoin d'autant de féculents que de protéines. Les protéines donnent de l'énergie. Les féculents nourrissent et aident au maintien des muscles. L'élimination des pains et des pâtes n'aide pas.

Réponse intuitive (*I*) : Tu écoutes trop et te laisses influencer par ton entourage qui croit tout ce qui se dit sur les « régimes ». En général, les gens ne font que répéter des principes menant vers des résultats qui ne durent pas comme de calculer les calories et ne pas manger de féculents. Les commentaires de ton entourage ne servent qu'à installer le doute dans ton esprit. Tu veux vraiment t'aider ? Tu veux vraiment te débarrasser de ton gras de protection ? Si tu passes ta vie à écouter les autres, tu survivras au lieu de vivre. Fais ta petite affaire ! Porte des œillères et regarde ton objectif en n'écoutant que tes réactions. Ne fait qu'un avec ton corps et ne laisse pas les autres en prendre le contrôle.

13. *Je fais de la rétention d'eau. Pourquoi ?*

Réponse logique (*L*) : Soit tes reins sont surchargés soit tu bois trop d'eau soit tu manges trop de protéines.

Réponse intuitive (*I*) : La rétention d'eau est reliée aux larmes. Des larmes sont accumulées au fond de toi, tu te sens triste.

Quand tu pleures, cela ne veut pas dire que tu es en dépression. Pas plus que si tu ressens le besoin de dormir davantage. Tu es peut- être fatigué d'avoir transporté un fardeau et ton corps réclame du repos. Quand tu pleures, tu es souvent gêné par cette réaction et cela dérange aussi les gens autour de toi. Pourquoi ? Parce que cela réveille en eux des émotions refoulées. Ils ont pourtant le réflexe de te dire : « Ne pleure pas, pourquoi pleures-tu ? » Et ces mêmes personnes te confortent et te consolent. Tu iras même jusqu'à dire : « Ce n'est rien, je suis immature de pleurer ainsi. Je pleure tout le temps comme un enfant, je ne sais pas pourquoi, ça me fruste (*colère*) ». Et ainsi, tu fuis au lieu de t'avouer que ton enfant intérieur tente de parler plus fort que l'adulte que tu es censé être devenu. Puis arrive un moment où la pression explose libérant le corps et l'âme. Le corps a tout de même de bons réflexes. Quand le corps pleure, l'âme rit, se libère et guérit.

Grandir et VIVRE (*avoir des émotions et savoir les gérer*) dans le moment présent, c'est être un adulte responsable. Tu ne dois pas vivre dans le passé et l'illusion, en te contentant de jouer à l'enfant. L'enfant doit avoir sa place dans le corps de l'adulte responsable que tu es. Il ne doit pas parler plus fort ou moins fort, les deux doivent être en symbiose. Pour y arriver, il faut d'abord t'écouter, donner libre court à ton enfant intérieur en pleurant et le laissant sortir ses émotions. Par la suite, l'adulte en toi pourra jouer son rôle et vivre ses émotions spontanément comme un enfant.

Note sur les plans alimentaires et l'entraînement

Les gens qui ne croient qu'aux plans alimentaires ou qu'à l'entraînement ne sont pas prêts à parler à cœur ouvert. Je les respecte et je les comprends. Puisqu'ils ont appris à ne pas s'écouter, à vivre dans l'importance du paraître, à jouer à l'autruche et à s'oublier, ils ne peuvent pas voir les effets qu'apporterait la délivrance des émotions. Ils ont gardé les réflexes de leur enfance, pour plaire à maman et papa. Ils se laissent ainsi emporter par la pression sociale.

« Si vous réussissez à renforcer les défenses de votre organisme, il sera tellement bien armé que, confronté à cette résistance, l'ennemi, c'est-à-dire la maladie, rebroussera chemin. La preuve, on a vu pendant des épidémies certaines personnes qui circulaient tranquillement parmi les malades sans jamais être contaminées ; alors que d'autres, qui prenaient toutes sortes de précautions, étaient emportées par le mal. Pourquoi ? Parce que, chez les premières, le terrain n'était pas favorable à l'installation des microbes. Quand une place est bien protégée, l'ennemi reste impuissant. Voilà pourquoi il est tellement important qu'au lieu de se concentrer sur la maladie, on commence par étudier la santé : les lois qui assurent son maintien, les facteurs dont elle est le résultat (respiration, nutrition, comportement) et qu'elles soient enseignées à tous. C'est là que commence la vraie médecine. »

Omraam Mikhaël Aïvanhov

Témoignage

La vie est un problème (perte d'un être cher, gain de poids, dette, haine, la révolte, etc.) Mais à tout problème mathématique il y a une solution. Pour moi, ce fut la lecture d'une annonce dans le journal. On y parlait d'un dôme pour favoriser la perte de poids. J'avais déjà essayé plusieurs produits sans obtenir de résultat, je n'avais plus rien à perdre. Durant la séance au dôme, Suzie est entrée, m'a saluée et elle a posé son doigt sur mon front. Il était froid et une sensation m'a parcourue. Elle est repartie. À la fin de la séance, elle est revenue et m'a demandé ce qui n'allait pas. Je lui ai dit que mon mari était décédé et les larmes sont apparues. Elle m'a alors conseillé de prendre rendez-vous. À la première rencontre, Suzie a vu ce qui était à l'intérieur de moi et non ce que je laissais paraître à l'extérieur. Elle m'a aidée à prendre conscience de ce qui se passait à l'intérieur de moi. La porte était fermée et elle m'a permis d'en ouvrir une autre pour faire mon deuil, pour prendre le temps de penser à moi, pour apprendre à m'aimer et à être aimée. Dans les moments difficiles, la route de la vie est parsemée d'embûches. L'important est de ne jamais oublier que les épreuves sont une occasion de grandir. Au fond de moi, j'ai trouvé une force et un courage que je ne connaissais pas et que Suzie m'a amenée à découvrir. Depuis plus de trois mois maintenant, je suis bien dans ma peau. La pierre angulaire qui m'a aidée à sortir de mon tunnel de tristesse, c'est Suzie. J'ai appris à dire non. Je me sens plus raffinée. Je me trouve superbe. J'ai découvert que le succès ne dépend que de ma volonté intérieure. Quand tout va mal, je pense à Suzie. Quand l'argent manque, je remercie ceux qui disent que je suis riche, quand le moral est bas, je téléphone à Suzie. Persévérez, reprenez votre souffle. Regardez votre intérieur et si vous n'y parvenez pas, faites appel à SUZIE. Elle sera là pour vous guider. Merci à toi Suzie. Je t'aime.

Clémence Robitaille

Mettre des mots sur les maux

Afin de bien comprendre et lire ton corps, un travail sur les émotions s'impose de lui-même. Voici quelques exemples de réactions du corps face aux émotions.

Lorsque tu affrontes une situation triste, des larmes te montent aux yeux spontanément et ton cœur bat la chamade, mais tu résistes. Tu ne veux pas avoir l'air émotif, avoir une réaction démesurée ou inappropriée ni même attirer l'attention, donc, tu refoules et retiens, tu manges tes lèvres et tu avales. Tu remets tes larmes à plus tard, dans l'intimité. Malheureusement, il sera trop tard ! Le corps a déjà subi un assaut, il a gardé l'émotion à l'intérieur et il a stocké ce qui aurait dû s'extérioriser.

Un jour, une femme m'a montré sa taille qui était droite comme un tube et où le gras s'accumulait. Après l'avoir interrogée au sujet de ses rages alimentaires, elle m'a avoué qu'elle mangeait des arachides, des croustilles et des trucs salés. À l'énumération de ces aliments, il m'est venu à l'esprit l'image d'une personne qui veut tout contrôler. Elle avait beaucoup d'attentes envers elle-même et les autres. J'ai profité de l'occasion pour lui lancer un défi. Cette femme était très inconsciente, pas du tout terre-à-terre, très « contrôlante » et impatiente. Je lui ai donc suggéré de porter une attention particulière à ses réflexes d'auto-protection et d'accorder davantage sa confiance aux autres. Elle a ri et a reconnu qu'elle ne faisait pas confiance à son conjoint. Voilà pourquoi tant de femmes n'ont plus de taille fine, elles veulent tout contrôler et assurer elles-mêmes leur survie au lieu de partager cette tâche avec leur conjoint.

Une autre femme est venue me rencontrer avec un surpoids au niveau des cuisses. Je lui ai demandé si les gens la percevaient comme une «sauveuse». Bien sûr, elle a ri et a acquiescé. Je comprends que les gens trouvent ce compliment flatteur et drôle au premier abord. Mais quand ils font le lien avec le gras sur leurs cuisses, ils ont moins envie de faire passer les autres avant eux. C'est bien beau la compassion humaine, mais doit-on en payer le prix en accumulant du gras et en le portant pour les autres ? Je lui ai fait des suggestions pour détendre sa glande gonade et je lui ai donné des trucs pour se défaire de ce comportement. Alors, le gras de ses cuisses a disparu !

Tu dois t'aider avant d'aider les autres et utiliser ton énergie pour toi-même. Tu ne dois rien à personne. Tu dois vivre pour toi en premier lieu et te détacher du résultat escompté par les autres.

Les gens qui suivaient mes plans à la lettre sans investiguer dans leurs émotions avaient des résultats probants mais souvent, ils ne les maintenaient pas parce qu'ils dérogeaient de leur plan et se sentaient coupables. J'avais pu remarquer que les gens étaient très exigeants envers eux-mêmes comme je l'avais été moi-même, je pouvais donc les comprendre. C'est facile à dire, mais le faire, c'est une autre chose !

La façon la plus simple pour moi de toucher les gens et de leur faire comprendre la juste signification de s'accepter était de leur demander de remercier leur gras ; le remercier d'avoir été là pour les protéger jusqu'à aujourd'hui. Si le gras n'avait pas été là, on ne les aurait plus vus ! Ils auraient été complètement dissous par le manque d'amour, le manque d'écoute, diminués par la peur et complètement écrasés par les autres. Et, tout cela, avec leur consentement !

C'est la même chose pour les personnes trop maigres. Il n'y a aucune différence entre une personne « maigre » et une personne en surpoids. Certains pensent que les personnes maigres sont chanceuses de pouvoir manger tout ce qu'elles veulent sans engraisser. Attention, le corps a des limites et ces gens que l'on qualifie de « chanceux » sont souvent atteints de maladies physiques graves. Au lieu de s'envelopper de gras pour se protéger, les gens trop maigres ne se protègent pas et ils développent des problèmes dans leur tête, ce qui n'est guère mieux !

Il faut voir le gras d'une autre façon. Disons qu'il est là pour l'instant mais qu'il peut partir maintenant que tu n'en as plus besoin. Il peut s'en retourner comme il est venu.

Après quelques consultations, les gens ne voulaient plus de plan alimentaire, ils me demandaient plutôt quels aliments éliminer et désiraient relever des défis. Du plan alimentaire aux services-conseils, ils passaient de la contrainte à la liberté. Quel beau cheminement mes clients m'ont amené à faire !

Un jour, une ancienne cliente (du temps où je n'étais pas à l'écoute des émotions) est revenue me voir car elle avait repris du poids. Je lui ai demandé de ne rien changer à ses habitudes de consommation et je lui ai plutôt proposé des défis émotionnels comme de cesser de s'excuser pour un oui ou pour un non. Et voilà que des résultats sont apparus en n'ayant travaillé que sur les émotions. Je devenais de plus en plus excitée à l'idée que tout partait vraiment des émotions. Quelle découverte !

Ainsi, les gens « amincissaient » au lieu de « maigrir ». Quand les gens «maigrissaient», ils étaient susceptibles de reprendre le poids éliminé aussitôt qu'une situation émotive survenait.

Il est important de bien nourrir son corps et de lui donner de bons éléments pour fonctionner d'où l'importance des plans alimentaires. Mais il faut faire une nuance. Le surpoids et les malaises physiques sont reliés aux émotions et non aux aliments (*alliés qui mentent*). Plus tu t'apprécieras, plus tu t'écouteras et plus ta perception de la nourriture changera. De toute manière, si tu n'es pas à l'écoute de ton corps, ce dernier finira par t'envoyer des signaux de mécontentement (*comme des maux de ventre*) si ce que tu manges ne lui convient pas. Tout est dans les tripes ! Si tu t'offres occasionnellement un repas de restauration rapide à un moment où tu en as vraiment le goût et que tes papilles en frétillent d'envie, cette nourriture n'aura que des effets positifs sur ton corps. En savourant le goût de ces aliments, tu donnes de l'amour à ton corps.

Tout est une question d'équilibre. Tu as sûrement déjà vu des gens qui mangent n'importe quoi et qui sont « minces » et d'autres, qui sont en surpoids malgré le fait qu'ils ne mangent que de la salade. Cela ne veut rien dire, se fier aux autres n'est pas un bon indicateur. La preuve ? Dans une même famille de plusieurs membres, chacun peut manger la même portion de nourriture et avoir un poids très différent.

Mon travail consiste à te conscientiser sur tes habitudes alimentaires. Te faire arrêter et réaliser ce que tu fais machinalement, t'aider à te structurer, à te discipliner. T'apprendre à te démontrer du véritable amour envers TOI. C'est la base de tout et la clé qui mettra fin à tous tes problèmes.

Un jour un homme est venu me consulter parce qu'il avait des rages de chocolat. Il avait entendu dire que j'associais les rages de chocolat aux carences affectives, aux câlins et à l'affection. Il m'avoua ne pas comprendre puisqu'il ne souffrait, selon lui, d'aucun manque affectif. En me concentrant sur son corps, une intuition m'est venue : « quatre ans». Je lui ai alors demandé depuis combien de temps ces « rages chocolatées » l'habitaient. Il me répondit que cela durait depuis quatre ans! Il m'est ensuite apparu qu'il avait perdu son père. En discutant avec lui, il m'a alors avoué qu'il n'avait pas eu la chance de lui démontrer son affection avant son départ. Le sentiment de culpabilité lui avait alors donné ces rages de chocolat. Ensemble, afin de laisser s'exprimer cette émotion, nous avons visualisé cet amour qu'il offrait à son père, en profitant de chaque moment passé avec sa famille. Les rages sont disparues.

Une autre personne me dit un jour qu'elle avait parfois des rages de sel. Je lui ai demandé de remarquer si ces rages correspondaient avec une hâte de faire quelque chose ou d'aller quelque part. Elle me répondit qu'elle était souvent impatiente de savoir si son fils l'emmènerait chez lui durant la fin de semaine. Ces moments étaient très importants pour elle et, les jours précédant le départ, durant l'attente, elle avait ces rages. Ici, le problème était qu'elle se plaçait dans une situation d'attente, étant donné qu'elle ne savait jamais si elle irait chez son fils ou non. Elle s'est donc entendue avec son fils afin qu'il évite de lui en parler trop à l'avance. Ainsi elle ne se trouvait pas en situation d'attente et d'impatience et les rages de sel sont disparues.

Un homme me mentionna un jour qu'il n'avait aucun déséquilibre, qu'il n'avait pas de rage mais qu'il lui arrivait, à l'occasion, de manger des croustilles et des gâteaux et de boire des boissons gazeuses. Il souhaitait « amincir » et je lui ai préparé un plan alimentaire. Je l'ai mis au défi de se gâter davantage. Je percevais dans sa voix qu'il était perplexe. Même s'il prétendait que tout allait pour le mieux, je ressentais qu'il s'oubliait souvent. Il me certifia qu'il se gâtait suffisamment et qu'il ne comprenait pas mon défi. À notre second rendez-vous, il m'avoua que, bizarrement, il s'était mis à manger des biscuits depuis notre rencontre. Il voulait savoir pourquoi et il me vint alors l'idée de lui dire qu'avant notre première rencontre, il avait eu envie de s'offrir un cadeau mais qu'il ne l'avait pas fait. Il me répondit que c'était faux et que j'étais dans l'erreur. Habituée à ce genre de réaction, je n'ai rien dit. De toute manière, l'information lui reviendrait sûrement quelques heures ou quelques jours plus tard. Et ma phrase préférée s'est alors fait entendre : « Suzie, tu avais raison! » Il me raconta qu'il avait eu l'intention de s'acheter un vélo et qu'il avait remis ce projet à plus tard car c'était, selon lui, un achat déraisonnable. Je lui ai donc proposé d'aller s'acheter ce vélo puisqu'il le voulait tant. Ainsi, il a lâché prise et ses rages sont disparues.

Une autre cliente m'avoua qu'elle avait toujours envie de grignoter ou de mâcher de la gomme. Elle aimait aussi croquer de la glace et des aliments. Ainsi, elle mettait son chocolat au congélateur afin qu'il soit plus dur ! La nuit, elle serrait les dents et il lui arrivait même de mordre son conjoint lors de leurs ébats sexuels. Je me demandais d'où lui venait ce besoin de mordre autant ? En discutant avec elle, elle me confia son mécontentement envers la vie et une chose prédominait : elle n'avait pas l'impression de vivre pleinement. En fait, elle avait un besoin très simple, celui de mordre dans la vie, de la consommer, la savourer. Vivre en exploitant ses besoins de défis. Les événements qui te semblent aujourd'hui banals ne l'étaient pourtant pas quand tu étais jeune. Pourquoi ne plus écouter tes besoins? Il ne faut surtout pas mettre l'excuse sur l'argent. C'est parfois un tout petit besoin mais à force de se faire rabrouer, il te fait faire de gros achats. Alors, être à l'écoute de toi peut même être économique !

En général, les gens sont capables d'éliminer leur surplus de poids et de maintenir une belle forme physique. C'est souvent lors de situations très émouvantes que le poids recommence à varier et que le déséquilibre se manifeste. Les mots que tu utilises, que tu choisis, t'aident aussi à apprendre à t'aimer. « Je mange bien », « je choisis ce que je mange », « je porte attention aux réactions de mon corps », sont de bien meilleures affirmations que de faire valoir la privation en disant « je suis présentement un régime », « je ne peux pas aller manger chez toi », « je ne peux pas aller au restaurant », etc. Quand tu décides de bien manger, ou de t'arrêter sur le choix des aliments que tu consommes, c'est une manière de te dire à toi-même « je m'aime ».

« Mange et sois en paix ! Il n'y a rien de plus important que d'être en paix avec son ventre. »

Driss Chraïbi (extrait du livre *Une Enquête au pays*)

Toujours en portant attention aux mots et aux expressions que tu utilises, quand tu dis « attraper » une maladie, c'est que tu as décidé, inconsciemment, de prendre ce malaise ou cette bactérie dans ton corps. Les agents infectieux sont partout. Comment se fait-il que certaines personnes en soient infectées (*vulnérabilité, état de victime*) *et d'autres pas* (*respectent leur limite*) ? Pourquoi certains patients dans les hôpitaux réagissent mieux (*confiance*) aux traitements que d'autres ? Tout est une question d'attitude, de foi, d'état de conscience et de volonté. Pourquoi dans certains types d'accidents, des gens sont gravement blessés et d'autres pratiquement pas. Pourquoi un membre en particulier est touché et l'autre pas alors qu'ils ont reçu le même coup ? Ton corps te parle constamment. Écoute-le !

« Qu'elle soit physique, affective ou intellectuelle, toute activité s'accompagne d'une combustion. Elle entraîne donc la formation de déchets qu'il faut rejeter, car leur accumulation crée des encombrements nuisibles au bon fonctionnement de l'organisme. Quand on doit allumer le feu dans un poêle, par exemple, si on n'enlève pas d'abord les cendres de la veille, le feu ne prendra pas, le poêle ne marchera pas. Il en est de même pour l'organisme physique, mais aussi pour l'organisme psychique, le domaine des pensées et des sentiments. C'est pourquoi vous devez améliorer votre façon de vivre, c'est-à-dire la façon de vous nourrir, de penser, de sentir, d'aimer, car à ce moment-là vous remplacez les éléments usés, pollués par d'autres beaucoup plus subtils, légers, éthériques. C'est ainsi que vous alimentez votre feu intérieur et vous vous sentez soutenu tout au long de votre route.»

Omraam Mikhaël Aïvanhov

Alimentation

Alimentation = lamentation
Aliment = allié qui ment

La raison première d'un aliment est de nourrir ton corps afin de te garder en santé et en vie et pour qu'il puisse bien fonctionner. Manges-tu pour vivre ou vis-tu pour manger ?

Les aliments sont pour les humains ce que le carburant est aux voitures. Ils servent à alimenter le moteur (cœur) afin que le reste de la mécanique (corps) fonctionne bien. Comme le carburant, les aliments peuvent également « encrasser » les tuyaux (veines) et ainsi causer des bris (malaises). Prenez soin de votre corps comme si c'était votre voiture pour qu'il garde toute sa puissance et éviter qu'il ne tombe en panne (maladie)! Une voiture se remplace, mais un corps NON. Pour en tirer le meilleur et le préserver le plus longtemps possible, PRENEZ-EN SOIN.

Nettoyez votre filtreur à air (régénération des cellules), faites la vidange d'huile (aide l'organisme à éliminer, favorise l'élimination des toxines par la peau, l'urine et les selles), ajustez les freins (travail au niveau des muscles) et entretenez votre carrosserie (régénération des cellules de la peau).

« Faut toujours faire attention à ce qu'on mange ! Le manger, c'est beaucoup plus que du manger, c'est de l'amour. »

Jean-Marie Gourio (extrait du livre *L'Eau des fleurs*)

Les aliments ont aussi plusieurs autres fonctions psychologiques

Chaque aliment a sa propre énergie, sa propre raison d'être et sa propre fonctionnalité face au corps humain. Ta santé peut être équilibrée en mangeant un chocolat aujourd'hui, des croustilles demain et des bonbons après-demain et ce, même si leurs propriétés sont plus vides qu'un fruit. Leurs propriétés ne sont pas vraiment nutritives mais réconfortantes.

En plus de te nourrir et de te réconforter, les aliments peuvent aussi devenir tes alliés ! Tu peux les utiliser à tort et à travers, tu peux même leur faire porter le blâme des réactions de ton corps. Tu pourrais aussi les voir comme des bouche-trous émotionnels. Deux exemples suffisent pour aider à comprendre : sucre et gras. Oh ! que ces mots engendrent de la crainte ! Ils sont bien souvent accompagnés par les mots « attention » et « peur ». L'être humain pousse souvent à l'extrême sa complaisance.

Prenons l'histoire de mon fils qui voulait prendre des vacances mais qui n'arrivait pas à l'exprimer de peur d'avoir des commentaires négatifs de son supérieur. Son cerveau a cherché une solution et s'est fait aider par la nourriture. Inconsciemment, il s'est mis à boire des jus de légumes de façon excessive. L'acidité s'est alors glissée dans ses bras qui sont très sollicités pour exécuter son travail et, il a développé une tendinite. Il a donc été forcé à prendre des vacances. Cette autodestruction inconsciente lui a bien donné ce qu'il voulait mais, avec une tendinite en prime ! S'il avait exprimé et assumé son besoin, il n'aurait pas eu ce malaise aux bras. Je lui ai donc suggéré de faire une réflexion sur sa consommation excessive de jus de légumes qu'il avait inconsciemment adoptée en tant qu'alliée. Je lui ai aussi recommandé de cesser de boire du jus de légumes en grande quantité. La tendinite s'en est allée et il a pu profiter de son congé.

Le principe est simple : Si tu n'exprimes pas tes pensées et tes émotions, ton corps a besoin de faire une action, peu importe laquelle. Il pallie ainsi à une action que tu aurais dû faire mais que tu n'as pas fait à cause du jugement des autres ou de la peur. Donc, tu manges. C'est le réflexe le plus facile pour faire comprendre à ton corps que tu «digères» tes émotions.

Les aliments ont un effet illusoire pour le cœur à travers le corps.

Lorsque tu as une émotion qui est bloquée, ingérer des aliments donne l'impression de faire passer un courant, de faire passer le dit « blocage ». Étant donné que manger fait bouger ton corps, tu penses que, durant ce temps, l'émotion (réaction) se tait ou même tu espères qu'elle sera digérée en même temps que la nourriture elle-même.

Tu te dis, sans même t'en rendre compte : « J'ai mal au cœur, ce que j'ai mangé ne passe pas, je ne digère pas ou, j'ai trop mangé ». Mais dans quel état d'esprit étais-tu à ce moment précis ? Étais-tu calme et mangeais-tu en savourant chaque bouchée ou le faisais- tu de façon machinale sans porter attention à ta mastication tout en ayant l'esprit occupé par des idées du passé ou du futur sans vivre totalement le présent ?

Les aliments servent souvent de consolation. Donne un beau suçon à un enfant qui pleure et tu verras que ses larmes seront vite asséchées et remplacées par des petits doigts collés. Les enfants savent très bien se servir des aliments en tant qu'alliés lorsqu'ils souhaitent avoir l'attention de leur mère. Combien de fois peuvent-ils demander à boire durant la journée ? Combien de temps prennent-ils parfois pour compléter leur repas alors que leur maman leur répète à chaque minute de terminer leur assiette? En fait, elle lui porte attention, et c'est ce qu'il veut !

On associe souvent les desserts aux effets réconfortants. Le seul fait de prendre un bon café ou de boire une petite coupe de vin, de manger une soupe à l'oignon, ou de consommer une boisson chaude durant l'hiver te procure du réconfort. Par la chaleur de la nourriture, tu offres du réconfort à ton corps.

Tu peux manger une trop grosse portion, t'empiffrer afin de contrer la sensation du vide. Tu te sens rempli, ralenti, amorphe, presque endormi. Tu donnes ainsi beaucoup de travail (digestion) à ton corps pour l'assommer. C'est le même principe avec l'alcool.

Par son rôle rassembleur et symbolique, la nourriture a sa place dans la plupart de tes activités sociales. La plupart des rencontres familiales se font autour d'une table, où chacun échange sur sa vie et partage de bons moments. On dit souvent qu'il n'existe pas meilleures recettes que celles que nos mères concoctaient. Du souper entre amis jusqu'au 5 à 7, tu retrouves ta fidèle amie, la nourriture.

Un fait est assez frappant lors des fêtes et des occasions spéciales. As-tu remarqué qu'on achète toujours des aliments gras et sucrés pour garnir les tables ? Drôle de réflexe que celui de se prendre une « cuite » pour souligner un événement, une victoire ou un succès. En principe, on devrait se récompenser en se couchant tôt, en allant prendre une longue marche ou en se faisant masser par son amoureux. Mais non ! Quand on festoie, on fait tout sauf prendre soin de son corps. Est-ce qu'on associerait le besoin de ressentir l'amour des proches, le bonheur, la joie ou le bien-être d'être en congé à la consommation d'alcool et aux abus alimentaires ? Normalement, quand on festoie, le niveau émotionnel devrait être très élevé. On peut être entourés de personnes qu'on ne connaît pas beaucoup et ainsi redouter le jugement. On veut alors amplifier ou réduire l'émotion en mangeant ou en buvant des boissons calmantes ou excitantes. Le sucre a pour effet de surexciter. Ce phénomène est facile à constater en observant la réaction des enfants qui en consomment. L'alcool a souvent pour effet de détendre et le gras, quant à lui, d'alourdir.

Quand j'explique que les aliments doivent être utilisés comme nutriments seulement, les gens ne me croient pas, encore là, à cause de leur éducation. Le corps en a besoin, certes mais il faut surtout l'écouter et être équilibré. Les extrêmes et les abus mènent au déséquilibre. Ne plus manger un aliment en particulier par peur d'engraisser ou cesser carrément de manger sont des comportements extrêmes. Le corps a besoin de diversité, nos papilles gustatives ont besoin d'être excitées et d'être comblées par des saveurs. Si tu manges les mêmes aliments à chaque repas ou que tu les remplaces par des comprimés ou des poudres « amaigrissantes », tes papilles, qui sont exigeantes, s'ennuieront et enverront des signaux de mécontentement qui se traduiront par des RAGES (un besoin excessif devant être comblé rapidement).

En ajoutant à tes habitudes le fait de te gâter, comme de manger du chocolat de façon régulière, le corps ne réagit pas car il y a un équilibre. Étant satisfait, il n'envoie plus de commande de rage à combler qui te pousse vers les abus et le regret.

Rage = carence (cri à l'aide) surplus (alerte on mange beaucoup trop) regret (maux-mots de cœur, boutons, fatigue, ballonnements) culpabilité

En préservant un lien avec ses émotions, aussi étrange que cela puisse paraître, une personne équilibrée vit ses émotions au lieu de les refouler. Les émotions paraissent ainsi beaucoup moins excessives. La personne équilibrée pleure quand elle en a besoin. Son corps sait qu'il peut laisser aller cette émotion quand bon lui semble en regardant un film ou en écoutant une chanson, par exemple. La personne qui refoule ne se laisse pas aller si facilement. Donc, surprise un jour par un fait anodin, elle pleure pendant des heures et n'y comprend rien. Certaines personnes attendent même de devenir malade (*dépression*) pour s'octroyer le droit de pleurer.

La faim est un sentiment qui cache tes secrets.

Quand tu suis un plan alimentaire et que tu ressens la faim, il est important de comprendre ce manque pour voir ce qu'il cache. Les émotions rattachées à des vides normalement comblés deviennent alors beaucoup plus présentes et limpides. Elles se révèlent. On entend souvent dire des personnes qui suivent un plan alimentaire qu'elles sont plus à « fleur de peau ». C'est, en fait, qu'elles sont plus ouvertes et accueillent davantage leurs émotions. Les barrières tombées, elles vivent et comprennent mieux leurs propres réactions. Il n'est pas rare, en de telles circonstances, de voir des personnes faire des mises au point importantes dans leur vie. Elles mettent un terme à leur relation amoureuse contraignante, changent d'emploi, d'amis ou éclaircissent des situations refoulées avec leur famille. Quand tu ressens la faim de façon anormale, c'est signe que tu as besoin de parler. Quand une rage se manifeste, cela signifie que tu es enragé ! C'est clair et limpide ! Alors, qu'attends-tu pour t'exprimer ?

Le stress, les mauvaises habitudes de vie, les rages et les envies soudaines de manger quelque chose de précis sont liés à tes émotions. C'est ainsi également pour les femmes enceintes dont le corps est rempli d'émotions qui les poussent à manger des choses dites bizarres et ce, à tout moment de la journée.

Il est intéressant de pousser nos questionnements face à nos rages. Il faut faire la différence entre le désir spontané et la fringale (*rage-obsession*). Une personne qui mange des aliments salés parce qu'elle a hâte de se rendre quelque part a un désir spontané qui est vite rassasié. Mais si une personne a le goût de manger des aliments salés régulièrement, c'est qu'elle attend quelque chose qu'elle n'obtient pas. Le jour où elle l'obtiendra, la rage disparaîtra.

Une rage est le résultat d'une accumulation, d'un empêchement, d'une frustration. Un désir, c'est une envie raisonnable qui ne résulte pas en un besoin de se goinfrer d'un aliment.

Voici quelques exemples d'émotions rattachées aux rages que tu peux ressentir :

Les deux extrêmes sont considérables. Le « manque » versus le « surplus».

- Sel = Contrôle et impatience
(*croustilles, arachides, maïs soufflé*)

- Sucre = Besoin de douceur et d'amour (problèmes reliés à la mère)

- Chocolat = Besoin d'affection

- Viande rouge = Agressivité

- Crème glacée, sauce, gras = Sexualité

- Poisson – végétarisme = Spiritualité

- Produits laitiers = Réflexion

- Épices = Besoin de piquant dans la vie

- Croquant = Besoin de croquer dans la vie

- Mâcher = Besoin de fuir

- Alcool = Problèmes reliés au père

- Pains – pâtes – patates = Attachement aux parents

- Cigarettes = Sensation d'étouffement (besoin de respirer la vie)

- Surette = Besoin d'assurance

Témoignage

Me voici, transformée, après un an, jour pour jour, de mars 2009 à mars 2010.

Émotive, je me sentais toujours comme une bouilloire, frustrée et étouffée. Ma première rencontre avec Suzie m'avait profondément secouée et je doutais de sa méthode. Au fond, j'avais peur de réussir. Plusieurs mois plus tard, encore plus enragée et voyant que je tournais en rond, j'ai décidé de retenter une consultation. Pour toujours, je suivrai Suzie, sa manière de me parler, ses conseils pour ma vie. Aujourd'hui, je réussis tout ce que j'entreprends, je me fais complimenter à tous les jours et je me fais dorloter par la vie. Étant une personne de cœur ayant beaucoup de difficultés à gérer son trop plein d'émotions, à travers mes consultations avec Suzie, j'ai trouvé mon équilibre à moi. La recherche de la perfection s'est estompée de mon esprit, en travaillant avec la thérapie de l'âme, pour laisser de la place au positif, au lumineux et aux grandes choses qui sont bonnes pour moi. Vive la vie et longue vie à Suzie et à la Clinique Santé Alimentation Revivre ! Faites comme moi, prenez soin de vous !

Sarah G-T.

210 lbs
Poids mars 2009

165 lbs
Poids mars 2010

Certains poussent l'action à l'extrême

Les gens, dans leur désespoir, accordent de la crédibilité à divers produits brûleurs de graisses et coupe-faim en plus de croire les charlatans plutôt que de croire en eux-mêmes. Aussi cocasse que cela puisse paraître, ils croient à toutes les publicités qui promettent de « perdre » 30 livres en 30 jours mais ils ne croient pas en eux-mêmes!

« Si vous voulez perdre 10 kg en un jour sans exercice et sans « régime », faites-vous couper une jambe. »

Philippe Geluck (extrait de la bande dessinée *Le Chat*)

Il n'y a aucun miracle dans le principe d'apprendre à te connaître et à comprendre les messages de ton corps. Il faut cesser de porter toute l'attention sur ton image corporelle et te concentrer plutôt sur ton bien-être. Peut-être que certaines de tes habitudes ne sont pas en accord (*corps*) avec ce que ton corps a réellement besoin ? As-tu vraiment faim ou as-tu seulement besoin de croquer ou de mâcher par habitude ? On entend parfois parler des jeûnes et de leurs bienfaits. Ce principe est simple. Les jeûneurs outrepassent leur faim et font ainsi face aux émotions qui se révèlent comme la peine et la colère. Le jeûne est un état subi par l'absence d'aliments (*alliés qui mentent*). Le besoin fondamental de s'alimenter n'étant pas comblé, les jeûneurs entrent dans un bain émotif extrême. Cette manière est, selon moi, trop radicale et rude. C'est bien de faire face à ses émotions mais encore faut-il savoir quoi en faire ! On peut même développer une certaine rancune contre les aliments. J'ai souvent vu des cas de personnes qui, après avoir vécu un jeûne, ont dû carrément réapprendre à manger car leur corps ne conservait plus la nourriture ingérée. Ces personnes se sont vues « maigrir » à en devenir malades. L'équilibre est beaucoup plus simple que cela et surtout moins risqué.

Pourquoi vivre des montagnes russes émotionnelles au risque de te faire très « mal au cœur » ? Les gens qui aiment ressentir la douleur physique comme les masochistes, les adeptes de tatouages ou de perçages excessifs, recherchent la communion avec leur corps. Ces personnes doivent ressentir la douleur physique afin de laisser aller leurs émotions comme crier, pleurer, rire ou même jouir.

Toute habitude substituant l'authenticité d'une émotion est une preuve de déséquilibre.

L'évolution de la consommation de drogue, de tabac, d'alcool et de tous leurs substituts est assez révélatrice. Prenons pour exemple les gens qui fument un joint et qui font ces fameux « trip bouffe » au cours desquels ils s'empiffrent de tout ce qui leur passe sous le nez et ce, de façon exagérée. Plus ils avancent dans le phénomène d'addiction et moins la faim se fait ressentir. Ce phénomène se fait remarquer chez la majorité des toxicomanes et des alcooliques. La carence maladie prend place. La plupart des drogués et des alcooliques sont très maigres car ils oublient de s'alimenter. Ils n'en ont plus besoin, ils ne ressentent plus rien. De façon utopique, ils sont constamment à la recherche des moments euphoriques vécus au début de leur cycle de consommation qui ont été si éphémères. Ce sont des personnes qui veulent s'évader. Très souvent, elles sont entourées de personnes trop maternelles et se sentent étouffées.

Ne sous-estime pas le pouvoir des émotions et leur besoin de s'exprimer. L'être humain du XXIe siècle est, en partie à cause de la facilité d'obtenir du crédit, de moins en moins patient et veut combler ses besoins rapidement (surtout ceux qui le font bien paraître). Si certaines solutions sont rapides, elles sont tout aussi dévastatrices et même dangereuses pour ton corps. Tu veux vraiment « perdre » du poids jusqu'à en « perdre » la santé ou même la vie ? L'équilibre est la solution.

« Aucun être raisonnable ne vous dira que vous pouvez vivre sans argent, car sans argent vous deviendrez un clochard ou un parasite. Et ce ne serait pas non plus une solution de le supprimer comme le suggèrent certains, sous prétexte qu'il est la cause de tous les malheurs de la société. L'argent est un moyen d'échange, et si on le supprimait, on serait obligé de le remplacer par autre chose, car la vie en société est fondée sur les échanges : lorsqu'on aurait trouvé une autre sorte de monnaie, on serait placé devant le même problème. Si l'argent fait des dégâts, ce n'est pas lui le fautif, mais la personne qui s'en sert et qui, à travers lui, s'efforce de satisfaire ses convoitises : du moment qu'elle a de mauvaises intentions dans la tête, l'argent est là pour l'aider à les réaliser. Mais qu'elle mette des projets altruistes, généreux dans sa tête, le même argent deviendra dans ses mains une source de bénédictions. »

Omraam Mikhaël Aïvanhov

Témoignage

Voici ce que m'apporte de te connaître : Ouf ! Tu es une personne unique, authentique, spontanée et très spéciale. Tu m'as demandé si j'aimais les menteurs et je t'ai répondu que je les détestais. Tu m'as alors dit que je me détestais. Je t'ai demandé pourquoi et tu m'as répondu très directement que j' étais menteuse et que je ne disais pas ce que je pensais aux gens par crainte de les blesser et qu'ils faisaient de même. Effectivement, tu avais raison. Pas facile à avouer. Quand tu m'as dit que mon ventre était de la colère refoulée, je voyais que tu avais l'air plus en colère que moi. Tu jurais et tu parlais fort et tu m'as dit que c' était l'expression de ma colère que tu voyais en moi. J'ai compris que tu étais mon miroir. Plus je te jugeais et plus je me jugeais moi-même. Tu me blessais par tes paroles directes, mais tu avais toujours raison. Tu me traitais comme je me traitais moi-même. Aujourd'hui, tu es d'une douceur extraordinaire et tu m'as dit que tu me traitais comme je me traite moi-même, avec plein d'amour. Je suis fière de moi, j'apprends à me connaître de plus en plus en te voyant et je m'aime de plus en plus. Mon mari est très heureux que tu m'aies ouvert les yeux car ma vie de couple s' étiolait. Aujourd'hui, j'aime mon mari et mes trois enfants. Je suis heureuse et je perds de plus en plus de ventre. Merci Suzie et sache que je me fais confiance car je sais que je suis avec la bonne personne qui me guide à chaque rechute. Mille mercis d' être dans ma vie.

Nancy S-P.

Les chiffres: De mauvais guides!

Au fil de mes consultations, je me suis rendu compte que le poids n'avait aucune importance. À titre d'exemple, avant d'avoir mes enfants, je portais des vêtements de taille 1 an et je pesais 97 livres. Lorsque j'avais un surplus de poids, mon objectif était de peser 97 livres à nouveau. Dans mon processus d' « amincissement », j'avais en tête l'image d'un pantalon que je voulais porter. Même si mon poids ne diminuait pas beaucoup, mon corps changeait. Lorsque j'ai atteint 110 livres, j'ai essayé ce pantalon et voilà qu'il me faisait comme un gant. Mais cela n'avait pas de sens, je pesais plus et je portais la même taille de vêtement ! Pourquoi ? La réponse était pourtant simple : auparavant, j'avais beaucoup de gras et peu de muscle alors qu'à ce moment-là, j'avais moins de gras et plus de muscle. J'étais donc plus ferme et mes fesses étaient plus rondes au lieu d'être inexistantes et aplaties.

Super ! Je venais de comprendre que le chiffre n'était rien d'autre qu'un chiffre ! Il était préférable de me fier à mes vêtements plutôt que de chercher à atteindre un chiffre magique. Le but de porter à nouveau un vêtement confortable que j'aimais était tellement mieux. Il fallait visualiser le pantalon et non le chiffre. Le pèse-personne est un mauvais guide, c'est une obsession, une véritable maladie mentale qui t'empêche de mettre l'accent sur le bien-être auquel tu aspires. As-tu vraiment avantage à vouloir atteindre un chiffre ? Tous les matins, j'embarquais sur le pèse-personne et le chiffre que je voyais déterminait l'humeur de ma journée. C'était vraiment dommage de faire d'un malheureux chiffre l'indice de ma journée.

Débarrasses-toi de ton pèse-personne.
Pendant que tes pantalons te serrent, lui, il ne te sert pas.

Un jour, une dame qui pesait 95 livres me dit : « Je viens en consultation mais ce n'est pas pour « maigrir ». Heureusement, on ne l'aurait plus vue ! C'était une femme très nerveuse qui se rongeait les sangs. Lorsque j'ai calculé son pourcentage de gras, les chiffres révélaient qu'elle était obèse. Étrange ! Me revoilà encore perplexe face aux chiffres obtenus et je cherchais une explication. Je me suis écoutée et, comme à l'habitude, les réponses sont venues. Elle ne pesait que 95 livres, comment pouvait-elle être obèse ? En partant toujours du visage et de ce qu'il me transmettait, j'ai remarqué que cette femme paraissait plus vieille qu'elle ne l'était. Sa peau était molle et plissée. Elle avait trop de gras par rapport à sa masse musculaire. Elle était «maigre» et non « mince ». Le défi était donc d'augmenter sa masse musculaire et d'éliminer le mauvais gras. Quand les résultats sont apparus, les gens étaient tellement surpris que certains croyaient même qu'elle avait subi une chirurgie au visage tellement il était était sain et plus rond sans être bouffi. À partir de ce moment, plusieurs personnes sont venues me voir pour que j'analyse leur visage.

Une personne qui maigrit a les joues creuses, une personne qui amincit a un visage sain.

« Combien de gens ont en eux tellement d'éléments négatifs qui les paralysent que, même s'ils veulent faire des efforts pour montrer un visage ouvert, accueillant, ils n'y arrivent pas! Tout reste figé, impossible de faire bouger les muscles de leur visage, d'animer leurs traits, et s'ils essayent de sourire, on ne voit qu'une grimace. C'est la preuve qu'ils ont passé toute leur vie à stagner dans les régions inférieures de la volonté, du cœur et de l'intellect sans jamais qu'un élément de l'âme et de l'esprit soit venu les visiter. Il est dit dans les Evangiles que seuls les enfants entreront dans le Royaume de Dieu. Pourquoi ? Parce que les enfants rient, sourient, ils sont vivants. C'est pourquoi, attention à votre visage! Si vous vous présentez à la porte du Paradis avec une figure fermée, on vous dira: « Non, non, vous n'entrerez pas avec cette mine-là. On n'accepte ici que des visages d'enfants. » Mais oui, il y a, devant les portes là-haut, certains êtres qui regardent l'expression de votre visage et si vous avez une mine rébarbative, ils vous diront: « Allez, ouste, retournez, on ne veut pas de vous ici!» Vous ne le croyez pas ? Allez vérifier. »

Omraam Mikhaël Aïvanhov

Que dire du nombre de calories par portion ? Que ce n'est encore qu'un chiffre !

Plusieurs de mes clients me demandent si le nombre de calories ingéré est important. Ayant moi-même déjà suivi ce genre de diète restrictive, je leur avais déjà accordé beaucoup d'importance. Encore là, on s'impose un réflexe punitif aussitôt qu'on dépasse le nombre de calories. Au lieu de donner au corps ce dont il a besoin à un moment précis, on le « punit ». Et attention, les produits alimentaires qui affichent des étiquettes de faible teneur en gras, en sucre ou en sel ne sont pas nécessairement bons pour la santé.

Distinction importante à faire entre les calories vides à index glycémique élevé et les calories basses en glycémie. Voici une précision que j'apporte pour ceux et celles qui veulent du concret. Certaines de mes clientes dénoncent une incohérence dans mes propos lorsque je dis de ne pas porter attention aux calories et le fait que j'offre des appareils avec lesquels il est possible de perdre beaucoup de calories. Les calories perdues dans ces appareils sont de mauvaises calories. Celles qui constituent le gras. Quand les gens sortent de ces appareils, ils se sentent revigorés et non amorphes.

Les calories à haute glycémie se transforment en gras dans le corps tandis que les calories à faible glycémie se transforment en énergie.

Exemple :

Tu as le choix entre 2 muffins qui ont sensiblement le même nombre de calories.

• Un est fait de farine blanche ou de blé, avec du lait, de la graisse, du sucre et des œufs.

• Tu as un second muffin qui est préparé avec de la farine de kamut, du lait de soya, du sirop d'érable et des œufs.

Le premier se transformera en gras alors que le second se transformera en énergie. Pourtant, ils ont presque le même nombre de calories.

Les gens vérifient et croient faire de bons choix à l'épicerie alors qu'ils ne connaissent pas toutes les composantes des calories.

Je rappelle qu'il ne faut pas se fier qu'aux chiffres. Certaines personnes sont considérées « petites » par la vision des autres qui se comparent à elles. Ces « petites personnes » viennent tout de même en consultation. Elles ont parfois un corps recouvert de cellulite et se sentent souvent bien plus mal dans leur peau qu'une personne présentant un surplus de poids considérable.

L'équilibre et le sentiment de bien-être doivent guider tes actions, peu importe ta grosseur ou ton poids.

Témoignage

Qui aurait pu dire que, moi, Nathalie, je reviendrais te voir en consultation. Après six ans, j'ai décidé de piler sur mon orgueil. En 2003, aprè cinq mois de consultations, j'avais réussi à perdre 30 livres sur les 40 que j'avais à perdre grâce à ton plan alimentaire et aussi grâce à tes paroles directes. Par la suite, un événement s'est produit dans ma vie et j'ai décidé d'annuler nos rencontres. Tu m'as dit que ce n' était pas le moment d'abandonner alors que tout allait mal mais je ne t'ai pas écoutée et j'ai repris le poids perdu. J'avais tellement honte que je ne voulais pas aller te revoir. Je commençais à comprendre ce que tu me disais : « C'est bien beau de maigrir mais si l'émotion n'est pas réglée, tu reprendras le poids et à ce moment-là tu reviendras me voir pour que nous parlions des vraies choses car je sais que tu as peur d'entendre la vérité. » Je m'obstinais à dire que c' était faux et que tu ne pouvais pas avoir toujours raison. Comme une enfant qui n'en faisait qu' à sa tête, je ne voulais pas te donner raison. J'ai alors consulté plusieurs thérapeutes, j'ai suivi des diètes et je tournais en rond jusqu'au jour où j'ai pris mon courage à deux mains et j'ai pris un nouveau rendez-vous avec toi. Tu m'as accueillie avec tellement d'amour que j'en ai pleuré. Tu m'as dit que souvent des clients revenaient te voir parce qu'ils faisaient du surplace et que c' était bien, que cela leur permettait de mieux t'apprécier par la suite. J'ai pensé que tu avais une grande confiance en toi. Ensuite, tu m'as dit que j'avais tort de penser que c' était la nourriture qui me faisait engraisser, que je n'avais plus de temps à perdre et que j' étais entrain de me détruire à petit feu. J' étais contente d' être enfin à la bonne place. En un mois seulement, j'ai déjà 10 livres en moins, seulement en pleurant et en criant mais aussi en faisant mes devoirs et en relevant mes défis à la lettre. Je t' écoute sagement. Toi, comme toujours, tu ne me juges pas et tu m'aimes comme je suis. Merci Suzie, tu es la personne la plus merveilleuse que j'ai rencontrée dans mes 56 ans de vie. Depuis, je t'ai référée à plusieurs personnes qui apprécient de te connaître. Mon mari et mes enfants me disent d'aller te voir dès qu'ils constatent que j'ai une rechute ! Grâce à tes conseils qui sont parfois difficiles à entendre mais qui, je dois le reconnaître, me font du bien, je suis heureuse. Ce n'est pas toujours facile d'entendre la vérité. Voilà tout ce que ça m'a apporté de te revoir.

Nathalie D.

La santé par les produits naturels et les suppléments alimentaires

Pour maximiser la performance de cette superbe machine qu'est le corps humain, il est important de lui fournir de bons suppléments.

Malheureusement, dans un monde où règne l'insécurité et où les bons vendeurs ont un grand pouvoir de persuasion, les produits naturels et les suppléments alimentaires sont de bons appâts pour abuser de la confiance des consommateurs. Je rencontre souvent des personnes en consultation qui ne veulent pas prendre de produits naturels sous prétexte qu'ils se sont déjà fait avoir par un de ces « bons vendeurs » ! Je leur demande alors de lâcher prise et de me faire confiance. Après tout, ce n'est pas mon problème s'ils ont fait preuve de naïveté, mais bien le leur. Ils ont peur de refaire les mêmes erreurs. Je leur propose alors de revenir me voir le jour où ils seront prêts à oublier le passé et à redonner leur confiance à une personne qui est là pour les aider et les conseiller vers les produits adéquats.

Nos besoins en nutriments sont tout aussi uniques que nos empreintes digitales. Ces besoins varient en fonction de tes activités, de ton environnement, de ton tempérament, de ton sexe, ton âge, tes glandes, tes hormones et tes émotions.

L'influence de la publicité et de l'entourage

La plupart des gens croient ce qu'ils entendent et ont tendance à suivre le « troupeau ». Il en est ainsi lorsqu'ils voient un produit à la télé. La publicité dit que c'est bon, alors ils se procurent le produit miracle. Avec souvent comme seule référence le témoignage positif d'une personne de leur entourage, ils achètent le produit, et cela sans même savoir si leur corps en a réellement besoin. Les fameux OMEGA-3 sont un excellent exemple d'engouement généralisé pour un supplément alimentaire. Une bonne publicité bien ciblée a fait en sorte que, du jour au lendemain, tout le monde en consommait parce qu'on leur avait dit que c'était bon pour la santé !

C'est la raison pour laquelle j'ai décidé d'offrir des services- conseils en matière de produits naturels et de supplémentation alimentaire. Ce sont d'excellents outils qui aident à nettoyer, réparer et stabiliser notre corps. Mais encore faut-il qu'ils soient bien utilisés tout comme pour les plans alimentaires !

« La rencontre d'un mage, d'un Initié qui leur révélera des secrets sensationnels grâce auxquels ils seront trans- formés instantanément, voilà l'idée que beaucoup de personnes se font de la vie spirituelle. C'est dommage, mais de pareils secrets n'existent pas. La transformation des êtres n'est possible que par un travail individuel quotidien et assidu. Si quelqu'un vous dit : « Prenez cette formule magique, ce talisman, et vous aurez la santé (si vous êtes malade), la sérénité (si vous êtes angoissé), la force (si vous êtes faible) », eh bien sachez que ce sont là les mensonges d'une créature qui a intérêt à vous tromper. Au contraire, un véritable Initié vous dira : « Mes enfants, tout est possible, mais seulement si vous faites des efforts ; et à ce moment-là ce que vous aurez ob- tenu sera tellement stable que personne ne pourra vous l'enlever. » D'ailleurs, vous devez savoir que tout ce que l'on obtient par des procédés magiques – et il est vrai qu'il en existe d'une certaine efficacité – ne peut jamais être définitif : peu de temps après, on perd tout ce que l'on croyait posséder. On conserve uniquement ce que l'on a obtenu du dedans par des efforts personnels ; c'est une loi absolue. »

Omraam Mikhaël Aïvanhov

Témoignage

Aujourd'hui, cela fait trois mois que je vais te voir. J'avais déjà ta carte depuis deux ans mais j'ai attendu avant de te contacter. Quelle perte de temps ! Il faut croire que je n' étais pas prête à ce moment-là. Je suis étonnée de voir à quel point j'ai changé depuis trois mois. Je me sens plus femme. Je me suis rendu compte que j'avais trouvé mon âme sœur depuis longtemps mais que je n'arrivais pas à croire que je le méritais. J'ai toujours cru que je n' étais rien et que je n'avais pas de place en ce monde. J'ai même souvent pensé qu'il aurait été mieux que je n'existe pas. Foutaises ! On a tous notre place en ce monde ! Je m'affirme davantage et attention à ceux et celles qui essaieront de me dénigrer. Il y a des jours où j'ai envie de crier à tout le monde combien je suis heureuse. C'est fou, mais ça bouille à l'intérieur de moi. Je suis en fusion intérieurement. Mais ne va pas croire que j'ai terminé mon travail. J'ai bien l'intention de tout nettoyer à fond et de repartir ma nouvelle vie sur une base solide. J'ai encore des peurs, des rechutes et du stress inexpliqué. Lorsque je sens des émotions qui ne sont pas les miennes, je nettoie ça au plus vite sinon je vais te voir et tu m'aides à voir ce qui ne va pas. Après plusieurs régimes, j'avais repris tout le poids perdu et je ne croyais plus en rien. Maintenant, je commence à croire en mon miracle. Grâce à toi, pour la première fois de ma vie, je commence à m'aimer, à me trouver belle et surtout à m'affirmer sans frustration. Merci Suzie de m'aider à me retrouver.

PS : J'attends mon prochain rendez-vous avec impatience.

Manon D.

Éducation, croyances et valeurs

Les parents et leurs prédominances sur ta vie

Grâce à tes parents, tu es en vie. Grâce à leurs bons soins, tu es en santé, tu as reçu une belle éducation et de bonnes valeurs. Ils sont tes modèles et tu dois suivre la direction qu'ils t'ont indiquée.

Détrompe-toi ! Ces sont des êtres imparfaits qui te demandent la perfection.

Tu as l'impression que tu es redevable envers tes parents. Pourtant, dès l'âge d'environ 18 ans (ou celui où tu deviens autonome), tu ne leur dois plus rien. Il faut seulement les remercier de t'avoir donné la vie et t'efforcer de la vivre pleinement. À partir de ce moment- là, ils peuvent dire : « mission accomplie ! » Souvent les parents ressentent de la culpabilité et tentent de se racheter, mais il est déjà trop tard. Tu peux choisir de laisser entrer qui tu veux dans ta vie. Par conséquent, tu n'es pas obligé de subir qui que ce soit et ce, même si c'est ton amoureux ou une personne de ta parenté. Il est important de couper le cordon un jour ou l'autre. Comment veux-tu grandir et faire tes expériences s'ils sont toujours présents dans ta vie et qu'ils agissent encore comme s'ils avaient une prédominance sur toi ? Finalement, les parents n'attendent que cette coupure pour vivre eux aussi.

Tu crois avoir une dette envers tes parents alors que ce sont eux qui te doivent quelque chose. Ils ont choisi d'être parents, de mettre au monde un être vivant. Ils se devaient de te donner les meilleurs outils possibles afin de te faire apprécier la vie à sa juste valeur. Tu crois être reconnaissant en étant un bon enfant et en faisant ce qu'ils t'ont dit de faire. Ce comportement fonctionne assez bien et attire leurs grâces jusqu'au jour où tu découvres que tes besoins et tes envies diffèrent de ceux de tes parents. Peu importe ton âge, tu leur octroies un droit sur ta vie, par « obligation ». Fondamentalement, ce principe t'a été imposé dès ton plus jeune âge. Il fait donc partie de toi, de façon intrinsèque. Malheureusement, le sentiment de « dette » l'emporte sur l'équilibre et l'établissement de tes propres limites. C'est le respect de ta personne qui s'oppose à l'« obligation » d'être une bonne petite fille ou un bon petit garçon et ce, dans le seul but d'être aimé.

Tu as souvent peur de leur faire de la peine alors que tout ce que tu veux, c'est de les voir heureux. C'est leurs vies et leurs choix. Sauves-toi toi-même au lieu de sauver tes parents ! N'oublie jamais que tu n'es pas « obligé » de les subir, de supporter leurs doléances ni d'endurer de te faire dire quoi faire comme si tu étais encore un enfant.

Jeune, tu as été éduqué à manger ce qui t'était servi et à dire que c'était bon. Tu devais tout manger. Cela ne voulait pas dire pour autant que tu aimais ce qui t'était servi ni que tu avais suffisamment faim pour tout manger. Il fallait faire comme si tout allait bien et que tout était bon. Mais où était donc l'équilibre ?

J'entends souvent les femmes me dire qu'elles aimeraient retrouver la taille de leur 18 ans! Quand on est jeune, on est inconscient et on « habite » notre corps à 100 %. C'est la période des boutons, des premières menstruations, des premières relations sexuelles, des premiers frissons amoureux. À l'adolescence, il est tout à fait permis d'être brusque, fâché, frustré, offusqué, bref d'être VRAI, à cause de la soi-disant crise d'adolescence. Bien entendu, ces réactions sont extrêmes, mais elles donnent le droit de vivre les émotions. Puis vient ensuite l'âge de la raison où les parents poussent les adolescents à devenir responsables. La belle affaire! C'est là que la notion « d'habiter» le corps est remplacée pour celle « d'habiter » la tête. Les parents virtuels peuvent ainsi hanter constamment les pensées et les actions. Il faut un jour faire la coupure, te détacher de tes parents et te voir comme un être à part entière, autonome et responsable de ta vie. Il faut te rendre compte que tu es un adulte et que tu as toutes les forces nécessaires pour embrasser ton avenir. Quand tu étais un enfant, tu écoutais à la lettre ce que disaient tes parents et, malheureusement, leur enseignement était axé sur le paraître: « Ne dis pas tout haut ce que tu penses tout bas, toute vérité n'est pas bonne à dire, assieds-toi correctement, change tes vêtements pour aller chez grand-maman », etc.

Ce que tu n'as pas aimé de tes parents, tu le portes en toi, ta vie durant. Tu deviens ce que tu n'a pas aimé d'eux et habituellement tu vas dans l'extrême. Lorsque tes comportements ressemblent à ceux de tes parents, il ne s'agit pas de comportements intuitifs. Choisis comment tu veux agir, choisis ce que tu aimes et n'aimes pas. Prends ce à quoi tu adhères et le reste, laisse-le tomber. À partir du moment où tu assumes tes choix, les changements peuvent avoir lieu.

Le mensonge est un moyen de protection développé dès l'enfance

Quand un enfant dit la vérité et que ses parents lui disent de se taire parce que ses paroles risquent de faire de la peine ou de blesser, ils lui apprennent à mentir ! Il ne faut pas être étonné si aujourd'hui tant de gens mentent comme ils respirent !

Ils ont peur de te dire la vérité et te mentent pour ne pas te blesser ou ne pas te faire de peine. Il faut d'abord que toi tu dises la vérité et les gens autour de toi voudront en faire tout autant. Même s'il est vrai que la vérité est parfois difficile à entendre, elle libère. Les gens mentent, mais ils n'aiment pas qu'on leur mente! Cette tendance à mentir vient de l'enfance. On a appris à le faire pour ne pas se faire gronder par nos parents.

Voici des exemples :

Un enfant dit à son ami qu'il est gros. C'est blessant, mais c'est la réalité. Ses parents le disputent et lui disent que c'est méchant de parler ainsi, que ce n'est pas gentil et que cela fait de la peine. Le gamin qui s'est fait dire qu'il est gros, quant à lui, se fait consoler par ses parents qui sont fâchés que leur fils ait été victime de propos mesquins au lieu de voir qu'effectivement leur fils a un surplus de poids et qu'ils doivent y remédier. Il ne sert à rien de se fâcher contre son ami qui lui a dit la vérité!

Un client me raconta un jour qu'il entretenait de mauvaises rela- tions avec son père. Même quand il parlait avec son père pour lui exprimer son mécontentement, ce dernier ne changeait pas. Il continuait donc de subir les commentaires désobligeants de son père. Un jour, il a commencé à faire comme « si » cela ne l'affectait pas. Il a affiché un faux sourire et a toléré son père tel qu'il était. Lorsque son père le visitait, il avait développé le réflexe de lui mentir afin qu'il reparte plus rapidement. Il me dit un jour : « Comme ça, j'ai la paix et tout est bien. » Il croyait qu'il pouvait s'en tirer ainsi. Au lieu d'avoir l'air d'un enragé, d'exprimer sa colère et tout briser, il se taisait et achetait la paix tout comme il le faisait à son travail et avec ses amis. Il ne se rendait pas compte que sa consommation d'alcool et ses problèmes d'insomnie augmentaient de plus en plus. Un jour, il a réalisé qu'il vivait dans une société remplie de gens hypocrites et faux. Il était abasourdi par cette constatation. Il en est venu à parler constamment contre les autres et à prétendre que tout le monde étaient des menteurs. Il ne savait pas comment faire pour se sortir de cet engrenage. Je lui dis alors qu'il devait commencer par s'affirmer avec son père. Il devait exprimer sa frustration. Ce n'est pas son père qui développait un problème d'alcool et qui, un jour ou l'autre, aurait développé un cancer. Même si son père n'était pas ouvert, il devait se choisir et lui avouer qu'il n'aimait pas ses commentaires désobligeants et que, s'il ne changeait pas d'attitude, il se verrait obligé de le sortir de sa vie.

Le besoin de plaire à tes parents demeure très longtemps dans tes réflexes et dans tes actions quotidiennes. Ce sont des lignes de conduite qui ont été tracées par tes parents qui te voulaient du bien et elles sont si faciles à suivre.

La peur et le sentiment de ne pas bien faire les choses te guettent. Tu accordes beaucoup d'importance à ton éducation qui fait partie de ton passé au lieu de t'ouvrir à ce que la vie t'offre et à faire tes choix à partir de tes propres réactions et émotions.

Une cliente qui suivait à la lettre ses plans alimentaires et mes conseils de façon assidue, n'arrivait pas à « amincir » autant qu'elle l'aurait souhaité. Je la voyais régulièrement depuis plusieurs années et elle avait évolué sur plusieurs points sauf que son corps ne bougeait pas. Une fois à tous les deux ou trois mois, elle me faisait parvenir des courriels de découragement dans lesquels elle exprimait son incompréhension. De mon côté, je ne faisais que lui répéter les règles de base. Un jour, elle s'est fâchée et m'a dit qu'elle en avait assez que j'agisse avec elle comme sa mère le faisait. Mon attitude lui faisait penser à sa mère ! Elle craignait toujours que je la dispute lors de ses suivis mensuels et se justifiait constamment. Elle associait mes agissements à ceux de sa mère. Quelques jours après cette constatation, elle a discuté avec sa mère pour lui exprimer ce qu'elle avait sur le cœur et lui signifier qu'elle était assez grande pour faire ses propres choix de vie. Cette discussion lui apporta un grand soulagement et elle a enfin fait le lien ! Il en aura fallu du temps pour qu'elle comprenne. Un enfant, c'est très patient avec ses parents. Faire la coupure avec nos anciens réflexes d'enfant peut être un long processus. Tant et aussi longtemps qu'elle n'aurait pas fait part de ses émotions à sa mère, elle aurait ressenti ce besoin de se justifier face à tout le monde. Inconsciemment, elle n'amincissait pas car elle ne voulait plus suivre les indications que sa mère (*moi, en l'occurrence*) lui donnait (*réflexe d'anarchie vécu à l'adolescence*). Quelques jours plus tard, elle a commencé à « amincir ».

« Pourquoi constate-t-on tellement de suicides et de morts accidentelles parmi les adolescents ? Le passage de l'enfance à l'adolescence est marqué par de grands changements physiques, physiologiques, mais aussi psychiques ; et comme les adolescents ne savent pas canaliser leurs énergies, au moment où la vie commence à se manifester le plus puissamment en eux, ils sont en danger de mort. Et c'est là que les parents ont de grandes responsabilités. En se souvenant de leurs propres expériences d'adolescents, des années à l'avance ils devraient penser à cette période de crise que leurs enfants vont fatalement traverser, afin d'être en mesure de leur donner, déjà, les éléments pour la surmonter. Or, que se passe-t-il ? Le moment venu, complètement dépassés par les événements, les parents laissent les choses aller en se disant qu'après une période difficile, tout finira bien par s'arranger. Ils font exactement comme les animaux qui, eux aussi, après une certaine période, lâchent leurs petits dans la nature: ils survivront ou ils ne survivront pas, on verra bien. Et en effet: on voit ce qu'on voit! »

Omraam Mikhaël Aïvanhov

S'ouvrir à son cœur d'enfant pour renaître à soi

Tu vieillis quand tu cesses de t'amuser. Aussi étrange que cela puisse paraître, tu dois retrouver ton enfant intérieur et lui laisser libre-arbitre. Attention, pas l'enfant de maman et papa ! Il s'agit de l'enfant pur qui était capable de dire, sans aucune gêne, qu'il n'aimait pas quelque chose, qui trouvait que la dame était laide ou que ça ne sentait pas bon chez grand-maman. L'enfant qui, bien souvent, faisait rougir ses parents. C'est lui qui est VRAI, celui qui n'est pas parfait aux yeux des autres. Notre vraie nature est extravertie. À force de se taire et de se faire écraser, on devient introvertis. Toi, es-tu extraverti ou introverti ?

En soit, tous les traumatismes sont vécus entre la naissance et 21 ans. Certains de ces traumatismes touchent la nourriture et l'apparence. Au cours de ta vie, tu retrouveras des « modèles » qui feront ressurgir ces traumatismes afin de te permettre de les conscientiser et de les accepter. La seule raison d'être de ces traumatismes est de t'amener à faire tes propres choix, à t'assumer et à découvrir ton identité. Avec la sagesse et la maturité, tu feras tes propres choix, tu te détacheras de ce qui t'était imposé dans ta jeunesse, tu ressentiras peut-être le besoin de couper les ponts avec tes parents et choisir ta propre famille et tes amis. Peu importe les choix que tu feras, ils seront les meilleurs pour favoriser ton évolution et ton bien-être.

De nouveaux points de repère (père = confiance, sécurité)

Certaines personnes n'ont pas besoin de discipline ou de structure parce qu'étant jeunes, ils ont été appelés à prendre des responsabilités importantes, comme de prendre soin de leurs frères et sœurs. Ce n'est cependant pas le cas de tout le monde. Comme un enfant, il faut réapprendre la véritable définition de l'autonomie.

« La partie la plus dure d'un régime, ce n'est pas de faire attention à ce que vous mangez. C'est de regarder les autres manger. »

Jeff Rovin

« Il y a quelque chose plus difficile encore que de s'astreindre à un régime, c'est de ne pas l'imposer aux autres. »

Marcel Proust

C'est donc pour répondre à ce besoin que les plans alimentaires et les défis que je propose ont leur juste valeur. Le principe de base est que tu as besoin de discipline et de structure car tu es habitué de suivre une voie tracée d'avance. Après quelques mois et l'atteinte de tes objectifs, le plan s'intègre dans ta mémoire et tu n'as plus besoin de le lire ni même de le suivre. Tout se fait naturellement. Les gens me disent souvent qu'ils savent ce qui est bon ou non pour eux mais, s'ils le savaient vraiment, ils n'auraient pas un corps en si piteux état. Lorsque tu as atteint ton objectif, tu reviens à tous les trois mois pour un bilan complet et, si nécessaire, je te propose une cure et te remets sur le bon chemin. C'est un peu comme pour une voiture qui a besoin d'un changement d'huile à tous les trois mois !

Dans chaque sphère de ta vie, tu dois t'octroyer le droit d'avoir des opinions différentes de celles que tes parents t'ont inculquées avec de bonnes ou de mauvaises intentions.

Prends pour exemple la colère. Ce n'est pas vraiment un sentiment que tes parents t'ont encouragé à exprimer. En fait, exprimer sa colère, c'est très positif ! En général, les gens en ont peur. Lorsque tu es en colère et que tu l'exprimes, elle cède la place à la joie, à la créativité et au beau soleil ! Il ne faut pas avoir peur de l'exprimer, bien au contraire.

La culpabilité, la peur, la restriction et la punition sont nécessaires tant que ton « toi intérieur » n'est pas complètement assumé. La nourriture revêt, encore ici, le manteau de l'allié. « Ne mange pas de biscuits avant le souper, tu vas couper ta faim et tu ne mangeras pas tes légumes et ta viande » disait ma mère. J'ai peur d'engraisser donc, je vais me restreindre la prochaine fois sinon je vais me punir en suivant un « régime » ou en m'entraînant de façon excessive.

La seule véritable façon de démontrer ta reconnaissance envers tes parents, c'est d'être fier de la personne que tu es, en exploitant tes qualités, en volant de tes propres ailes, en t'épanouissant, en étant courageux et en prenant soin de toi.

Tout ce que tes parents t'apportent, consciemment ou inconsciem- ment, par le don ou le manque, t'aide à parfaire ta véritable identité. Tes parents ne peuvent pas te donner ce qu'ils n'ont pas. Il ne faut pas verser dans l'autre extrême et leur faire porter le chapeau de tes insatisfactions envers la vie. Au contraire, il faut te servir d'eux en tant qu'exemple.

Si tes parents ne t'ont pas donné d'amour ou ne t'ont pas enseigné ce qu'était l'amour de soi, c'est qu'ils ne s'aimaient pas eux-mêmes. Tu dois être capable de l'accepter pour ensuite te responsabiliser en allant chercher les outils nécessaires pour apprendre à t'aimer.

L'humain, une voiture?

Esprit = **Tête** =

Conducteur
(Prises de conscience, Voyages intérieurs)

Corps = **Physique** =

Carrosserie
(Alimentation, Appareils, Activités physiques)

Âme = **Organes** =

Moteur
(Produits naturels)

Un esprit sain dans un corps sain...

L'un ne va pas sans l'autre!

« Observez-vous pour découvrir quelles sont vos habitudes mentales et tâchez de corriger rapidement celles qui vous apparaissent comme les plus préjudiciables à votre évolution. Si vous ne faites rien, avec le temps vous deviendrez peu à peu complètement prisonnier. Et ne dites pas : « Oh ! Le moment venu, je me corrigerai, je redresserai la situation.» Non, ne vous faites pas d'illusions, car dès le moment où vous voudrez reprendre la bonne direction, ces tendances se manifesteront encore plus puissamment. C'est le jour où on veut prendre une nouvelle orientation qu'on se rend compte combien on est ligoté. Tant qu'on n'est pas conscient d'être esclave, on ne se sent pas entravé ; mais le jour où on en prend conscience et où l'on décide de se libérer, c'est là qu'on mesure la gravité de la situation. Alors, faites attention, ne vous laissez jamais aller en vous disant que, le moment venu, vous arriverez à vous ressaisir. Bien sûr, si vous le voulez vraiment, vous y arriverez, mais avec combien plus d'efforts et de peines ! »

Omraam Mikhaël Aïvanhov

Témoignage

Suzie, tu es la femme qui m'a ouvert les yeux. Le but premier de ma rencontre avec toi était de perdre du poids. Dès la première visite, j'ai su que je m'embarquais dans une longue bataille avec moi- même. Je ne savais pas que j' étais en si mauvais état. Tout ce poids en trop était dû à la mauvaise gestion de ma vie. J'avais appris que je devais foncer dans la vie. Je devais prendre ma place et avoir confiance en moi. J' étais comme le petit oiseau effrayé qui doit sauter en bas de son nid. J'attendais qu'une personne me pousse en bas. Tu es passé sur mon chemin. Tu m'as convaincue que le monde extérieur n' était pas si effrayant. Comme une petite fille, tu m'as prise par la main, tu m'as convaincue et j'ai sauté. Maintenant, je grandis au fil des mois. J'apprends à reprendre le contrôle de ma vie. Tu es mon guide. Quand j'ai peur de l'échec, tu es là pour me convaincre de foncer. Bref, j'ai compris que mon équilibre de vie était complètement déstabilisé. (...) Je prends bonne note de tout ce que tu me dis Suzie et j'essaie de m' épanouir au jour le jour. La nouvelle philosophie de ma vie est d'avoir du plaisir tout en laissant le négatif derrière moi. J'ai confiance qu'un jour, j'arriverai à parler plus que toi ! Merci d'avoir pris en main ce petit oiseau fragile.

Annie C.

Responsabilités ou excuses ?

L'être humain est devenu de plus en plus lâche avec le temps. Le premier réflexe qu'il adopte est l'excuse.À la lâcheté, s'ajoute le sentiment de culpabilité et la peur d'affronter. « Non, Maman, je te jure que je n'ai pas voulu faire ceci ou cela, que ce n'est pas moi, que ce n'est pas de ma faute ! »

Tu préfères attendre les autres, avoir des attentes envers ton conjoint, ta famille, tes enfants, tes parents, ton employeur, la société au risque d'être déçu pour ensuite leur faire porter le blâme.

Garde en tête que tous les gens qui t'entourent existent pour te faire réaliser des choses. Ils ne sont pas responsables de tes réactions.

Cesse de faire porter tes blâmes à la terre entière. Assume-toi et passe à l'action !

Voici quelques exemples de situations où il est facile de blâmer les autres.

• Tu te fais réveiller un matin par la musique que ton voisin fait jouer à tue-tête.

o Tu te dis : Comment veux-tu que je sois de bonne humeur alors que je me fais réveiller de cette façon ?

• Tu n'as pas aminci ce mois-ci.

o Tu te dis : Le plan ou les produits naturels ne doivent pas être efficaces !

• Tu glisses sur la glace et tu tombes. Tu penses que c'est de la faute de cette glace si tu as mal partout et que tu es dans cet état.

o Je m'arrête et j'analyse cette frustration: La vie m'envoie un message. Est-ce que je vis présentement une situation où je devrais lâcher prise ? Il serait peut-être préférable de m'arrêter un peu avant de me blesser davantage.

• En voiture, quelqu'un te coupe la route et provoque un accident.
o Tu te dis : C'est de la faute à cet automobiliste inattentif si je suis dans cette situation.

C'est facile de s'apitoyer sur son sort et de choisir ce mode de pensée. Tout n'est qu'une question de point de vue et de la façon dont tu décides de voir la vie.

Tu as la possibilité de voir les choses sous un angle différent, en t'assumant.

Revoici les mêmes exemples, mais accompagnés de comportements responsables.

• Tu te fais réveiller un matin par la musique que ton voisin fait jouer à tue-tête.

o Génial ! C'est agréable de se faire réveiller par de la bonne musique avec, en prime, un voisin de bonne humeur.

• Le plan alimentaire que tu suis ne doit pas être efficace puisque tu n'as pas aminci ce mois-ci !

o Une émotion doit être bloquée, je dois m'y attarder. Suzie pourrait-elle m'aider ? Poser des questions afin de comprendre est la meilleure façon de me guérir.

• Tu glisses sur la glace et tu tombes. Tu penses que c'est de lafaute de cette glace si tu as mal partout et que tu es dans cet état.

o Je m'arrête et j'analyse cette frustration: La vie m'envoie un message. Est-ce que je vis présentement une situation où je devrais lâcher prise ? Il serait peut-être préférable de m'arrêter un peu avant de me blesser davantage.

• En voiture, quelqu'un te coupe la route et provoque un accident. Tu penses que c'est de la faute de cet automobiliste inattentif si tu es dans cette situation.

o Est-ce que je devrais reprendre le contrôle de ma vie et ne pas me laisser « rentrer dedans » ?

o Est-ce que je laisse les autres me couper le chemin dans mes objectifs personnels ?

o Est-ce que je laisse les autres prendre mes choses en main ?

Il faut remercier plutôt que de rejeter la faute sur tout ce qui t'entoure. Il y a une raison, un message à retenir. Les autres ne sont que des figurants dans ta vie. Tu es le personnage principal à qui il arrive des éléments déclencheurs afin de te faire évoluer. Tu dois alors les accueillir au lieu de te dénigrer.

Il faut cesser de chercher des raisons extérieures et de blâmer qui que ce soit pour les conflits ou les situations éprouvantes. Il faut faire taire ton orgueil qui refuse de voir la vérité en face et diriger ton regard vers toi-même. Dans l'humilité, observes-toi et demande de l'aide afin d'obtenir des réponses à tes incompréhensions. Transforme ton intérieur par la maîtrise de ta pensée. Cesse de penser que tu n'as pas le choix, que ce n'est pas de ta faute ou que tu n'es pas capable.

Celui qui ne veut rien faire trouvera toujours des prétextes en plaçant des « si » dans sa vie. Avec des « si», tu restes assis. Désormais, bannis les "si" de ton langage et dis plutôt « je veux et je peux ».

Il faut également être conscient de tes réactions face à tes relations avec l'autorité (ton patron, la police, ton comptable) qui peut faire ressortir des émotions qui n'ont pas été résolues avec tes parents. Attention de ne pas mêler les choses et de faire porter le chapeau aux mauvaises personnes. Pourquoi as-tu peur de te faire arrêter par la police, de te faire réprimander par ton comptable ou de te faire mettre au pas par ton supérieur ? Pourquoi as-tu peur que ton thérapeute te fasse des reproches quand vient le temps de ton suivi hebdomadaire ? N'as-tu pas confiance en toi et en tes actions ? Pourquoi vis-tu de la peur ? Aurais-tu besoin d'attention ? Ressens-tu un certain plaisir à vouloir contourner ou défier les codes ? Vois-tu le même modèle répétitif revenir dans ta vie ? Cesse de mettre la faute sur tes parents. Ils t'ont donné ce qu'ils étaient capables de t'offrir.

Toutes tes réactions exagérées sont, en fait, de vieux réflexes. Si tu es incapable d'accepter la critique, que tu as toujours l'impression qu'on te contredit, qu'on parle de toi et que c'est toujours sur toi que tout s'abat, tu dois t'arrêter et tenter de comprendre pourquoi ces messages reviennent constamment dans ta vie !

Est-ce que tu demandes souvent aux autres ce qu'ils feraient s'ils étaient dans ta situation ? Tu suis alors leurs recommandations et, si les résultats ne sont pas ceux escomptés, tu leur fais porter le blâme. Mais, si les résultats sont positifs, tu t'attribues les bénéfices. En plus de donner le contrôle de ta vie aux autres, tu perds ton identité et tu ne vis pas ce que tu devrais vivre. Tu vas par des sentiers qui ne mènent pas où tu devrais aller. Pas étonnant que tu te questionnes sur les raisons de tes tourments et que la vie ne te donne pas ce que tu veux.

Tu as toujours le choix même si les gens en général préfèrent dire qu'ils ne l'ont pas et fuient pour se cacher.

Dans la vie, tu as toujours le choix ! Quand tu prétends que tu n'as pas le choix, tu finis par te mettre au pied du mur pour prendre une décision.

Exemple : Si tu n'es pas certaine que ton conjoint est vraiment la personne qu'il te faut, sache qu'une autre personne se présentera dans ta vie pour t'aider à répondre à ta question. Tu l'aimes ou non ? Prends tes décisions et n'attends pas d'être au pied du mur pour comprendre. Plus tu attendras et plus ce sera douloureux.

Il n'y a pas de mauvais choix. Tout ce que tu vis doit être ainsi. Si tu es bien avec ce que tu fais, ce que les autres en pensent n'importe pas. L'important, c'est d'en arriver à quelque chose de positif. Tout ce qui se passe dans ta tête t'appartient.

Demander aux autres de partager leurs expériences négatives n'est pas sain. Tu enregistres leurs mauvais résultats et cela génère en toi de la peur et tu risques ainsi de t'attirer le même type d'expérience. Si quelqu'un te questionnait sur la façon dont tu as vécu une expérience, tu serais sage de l'encourager à vivre ses propres expériences.

Prends l'exemple d'un itinérant qui mâche les gommes qu'il ramasse par terre, mange les restants de table qu'il trouve dans les poubelles, fume les mégots des cigarettes des autres et n'est jamais malade. Toute son attention est portée sur sa survie. Il n'entretient pas la peur de tomber malade. Si tu lui répètes qu'en adoptant de tels comportements, il risque d'être malade, il le deviendra !

Au lieu d'essayer de te sauver personnellement, tu laisses ton côté « sauveur de l'humanité » prendre le dessus. Tu veux sauver les autres et leur donner de bons conseils. Lorsque tu n'es pas impliqué émotivement dans une situation, il est toujours très facile de dire aux autres comment agir.

Mêles-toi de tes affaires. Vis tes propres expériences et laisse les autres vivrent les leurs.

Quand tu aimes quelqu'un et que tu apprends qu'une personne lui a fait du mal, cela te touche ! Tu détestes cette personne même si elle ne t'a rien fait personnellement. C'est ça se mêler des affaires des autres. En plus de ne pas être responsables et de ne pas se mêler de leurs affaires, certaines personnes se permettent de juger les autres. C'est quand même incroyable ! N'oublie pas que lorsque tu juges les autres, c'est TOI en réalité que tu juges. Le monde d'aujourd'hui appartient à ceux qui sont capables d'assumer leurs propres idées. La manipulation est répandue, malgré le fait que nous sommes extrêmement chanceux de vivre dans un pays libre. Nous sommes entourés des grands manipulateurs que sont la publicité, les médias, les politiciens et le pouvoir du crédit. Tu peux choisir de tout croire, de tout avaler et de demeurer un bon petit enfant ou tu peux choisir d'adopter une idée ou une marche à suivre qui te convient sans qu'elle soit pour autant la plus populaire. La plupart des publicités sont orientées sur la peur et le besoin de protection. Tu pourrais éviter bien des dépenses si tu reprenais le pouvoir. Il ne faut pas oublier que, si les manipulateurs existent, c'est que des personnes désireuses de se faire manipuler existent elles aussi. Les opportunités arrivent spontanément face aux choix de chaque personne et de leur propre jugement. Lorsque tu te fais « avoir » par un vendeur, tu es fâché contre lui, mais il serait plus juste de t'en vouloir d'avoir été aussi naïf. Ce n'est pas contre le vendeur mais bien contre toi que tu es fâché.

Que signifie être naïf et influençable ? C'est croire ce que les autres disent sans même se demander si on est vraiment d'accord avec ces idées et cela dans le seul but d'être aimé et accepté.

Si une situation te fait réagir et que tu n'exprimes pas l'émotion qu'elle fait surgir, elle se manifestera à nouveau dans une autre situation et ce ne sera peut-être pas pour le mieux. Sans le vouloir, tes foudres tomberont sur quelqu'un qui n'a rien à voir avec ce que tu vis. Et cette personne a également quelque chose à comprendre. Ce n'est pas pour rien que tu tombes sur sa tête à elle. Chacun est là pour une bonne raison !

Organise ta vie avant que quelqu'un ne l'organise pour toi. Sois responsable et agit !

Développer une confiance en toi

Il faut avoir confiance en toi et aller de l'avant. C'est dans l'action et en faisant des choses concrètes que grandira la confiance en toi. L'humain a un désir constant d'évoluer, il faut donc profiter de ces prises de conscience pour essayer quelque chose de nouveau, pour voir et agir différemment. Amuse-toi, tente l'expérience du nouveau. Fais quelque chose pour voir une situation sous un nouvel angle : le TIEN ! La vie de tous les jours te fournit une foule d'occasions d'agir et d'augmenter ta confiance. L'important, c'est de te fixer des objectifs réalistes et de ne pas en déroger. La confiance grandira avec tes réussites et tes bons coups ! Plus grands sont la peur et le risque, plus grandes sont la gloire et la fierté. La peur est souvent associée à l'inconnu, mais parfois tu peux avoir peur parce que tu en connais trop sur le sujet et que tu as trop entendu les autres parler de leurs expériences. Si, par exemple, une amie arrive d'un nouveau restaurant et te dit que c'était vraiment très bon et que le serveur était très attentionné, tu crois que ce sera merveilleux pour toi aussi. Mais, lorsque tu t'y rends, tu constates, à ton grand étonnement, que le service laisse à désirer et que la nourriture n'est pas très bonne. À chacun ses goûts et ses pensées. Quand vient le temps de prendre des décisions d'affaires, comme d'arrêter son choix sur un fournisseur en particulier, si on se fie aux autres, on risque d'être déçu. Et cela s'applique aussi aux gens que tu croises. Si tu apprécies ce que tu ressens en la présence de quelqu'un dès les premières secondes, ne te fis pas aux ouï-dire, tu risquerais de passer à côté d'une belle amitié.

Cesse de te fier à ce que les autres te disent ! Ils n'ont pas les mêmes filtres que toi.

Affronter tes peurs ne sera jamais facile. Le cœur s'affole, on a les mains moites, on voudrait mourir. Un conseil : respire ! La respiration aide à trouver une sorte d'apaisement et de calme intérieur. Tu peux commencer par affronter de petites peurs alors que tu es seul, ainsi tu ne porteras pas attention aux réactions des autres. Ensuite, tu te donnes le droit de ne pas réussir du premier coup. Il n'y a pas meilleur résultat que celui d'avoir essayé et d'avoir été capable de réaliser des choses que tu croyais réservées aux autres. Aie confiance en toi. Si les autres peuvent le faire, tu le peux aussi. Souvent mes clients me disent qu'ils aimeraient oser dire tout haut ce qu'ils pensent tout bas. Mon conseil est le suivant : ose dire tout haut ce que les autres pensent tout bas. Il ne faut pas avoir peur, par la suite, des qu'en-dira-t-on. En fait, les gens t'admireront car ils aimeraient, eux aussi, pouvoir le faire. Mais, ils ne disent rien, gardent tout à l'intérieur et se font ronger par la maladie, la maigreur ou le surpoids. C'est leur choix. Regarde une personne qui s'aime vraiment, qui s'écoute et se respecte, elle est mince et bien dans sa peau. Plutôt que d'être frustré envers elle, demande-lui son secret. Autrefois, j'étais jalouse des égoïstes car je ne pouvais par croire qu'ils arrivaient à se foutre des autres et qu'ils s'assumaient alors que moi, je me préoccupais tant des autres. Dans mon for intérieur, j'aurais aimé être capable, tout comme eux, de ne pas me soucier des autres et de cesser de tout prendre trop à cœur. Se foutre des autres, c'est se détacher.

Laisse ton enfant intérieur prendre sa place et prend du muscle !

Les gens qui se sont souvent oubliés, qui ne prennent pas leur place, qui sont très nerveux ou qui parlent beaucoup, sont dans la fuite. Ils fuient l'équilibre. La nervosité ronge le muscle, l'enfant intérieur (le muscle) a peur et se renfrogne. Se sentant délaissé, l'enfant intérieur (le muscle) s'atrophie et laisse parfois place au mauvais gras. Chaque personne doit prendre soin de son enfant intérieur. Il réclame de l'attention et veut prendre sa place. As-tu déjà remarqué que, souvent, les gens que l'on caractérise de capricieux n'ont pratiquement pas de gras ? Ce sont des gens qui laissent parler leur enfant intérieur. Ils sont, pour la plupart, spontanés et répondent à leurs besoins sans même réfléchir aux conséquences. Quand un enfant a envie de crier, il crie ! Il ne se soucie pas de ce que les autres vont penser. Il libère son besoin de crier et c'est tout.

La meilleure façon de t'occuper de toi-même, c'est d'agir comme si tu t'occupais de ton enfant.

« Chaque fois que vous vous trouvez devant des choix à faire, réfléchissez bien, et une fois que la bonne orientation vous apparaît clairement, décidez-vous, agissez!... Si malgré cette clarté vous commencez à vous dire: « Mais peut-être qu'ici j'aurai trop d'efforts à faire... Là, j'irai contre mes intérêts car je vais m'attirer l'antipathie de telle ou telle personne », vous ouvrez la porte à des forces obscures qui vont vous miner. Dans la vie psychique comme dans la vie physique, rien ne reste sans conséquences: celui qui cherche des prétextes pour ne pas exécuter ce que son bon jugement ou son intuition lui dicte, finira par perdre ces qualités, car on ne peut pas continuer longtemps à voir clairement le chemin à suivre si en même temps on se justifie de ne pas le suivre en prétendant que c'est trop difficile. Eh oui, c'est cela le résultat des doutes et des bifurcations: on finit par perdre sa faculté de discernement. »

Omraam Mikhaël Aïvanhov

Mise en situation

Tu es en compagnie de quelques amis et, ensemble, vous regardez des photos. Tout à coup, il s'en présente une sur laquelle tu n'es pas à ton meilleur. Quel est ton réflexe ? Tu te sens gêné et tu demandes de passer rapidement à la prochaine en te lançant des injures ! Aurais-tu le même comportement s'il s'agissait de ton enfant sur la photo ? Non, c'est certain! Tes enfants sont toujours les plus beaux même avec du chocolat plein la figure, même quand ils pleurent, même quand ils crient. Pourquoi ? Tout simplement parce que tu les aimes.

Tu veux qu'ils soient heureux. Quand ils ont des ennuis, tu es le premier à courir pour leur venir en aide et les protéger. Alors que pour toi-même, c'est tout le contraire. Tu n'attends même pas que les autres te lancent des injures, tu le fais toi-même ! Injurierais-tu ta fille ou ton fils ?

Quand nous voyons des enfants, nous avons spontanément le goût de les prendre dans nos bras, de les embrasser et de leur donner de l'amour. En fait, ton enfant intérieur en a souvent plus besoin. La preuve en est que, très souvent, les enfants nous repoussent quand nous leur témoignons notre amour.

Est-ce que tu sais que la patience est un très gros défaut ? La patience, c'est d'endurer, d'accumuler, d'accepter les compromis, de te limiter. Et un jour, il ne faut pas s'en étonner, toute saute ! Et voilà que l'hypertension se manifeste, maladie typique des gens renfermés et qui ont accumulé les frustrations. Moi, je te dis d'être impatient avec les autres. N'accumule rien, n'accepte rien, n'endure rien. Cependant, il faut être patient et rempli d'amour envers toi-même !

Voici quelques recommandations :

• Fais-toi des câlins et surtout ne ménage pas tes caresses et tes attentions.

• Relaxe dans un bon bain chaud. Éteins les lumières, allume une chandelle pour un effet encore plus relaxant. Mets de la musique, de l'huile dans l'eau du bain pour agrémenter ce moment de détente. (Si on frappe à la porte de la salle de bain, ne réponds pas. Mets des bouchons !

• Prends quelques minutes pour stabiliser ta respiration consciemment. Cela procure un moment de répit et de calme à ton corps. (Regarde gonfler et dégonfler ton ventre.)

• Prends le temps de masser ton corps et surtout tes pieds qui te mènent partout où tu as envie d'aller toute la journée.

• Prépares-toi un bon repas comme si tu invitais des gens à souper. Choisis le meilleur vin, dresse une belle table et allume des bougies.

Que signifie « se choisir » ? C'est de penser à toi avant de penser aux autres. C'est d'investir sur toi afin d'être bien dans ta peau. C'est t'écouter et faire ce que tu ressens dans le dessein d'améliorer ton bien-être comme aller marcher, te faire bronzer, t'acheter des douceurs, aller chez le coiffeur, bref, te gâter.

Témoignage

Ma première rencontre a été un choc ! Lorsque je suis arrivée à la maison, j'ai dit à mon conjoint que tu étais complètement folle ! Tu m'avais déboussolée. J'étais allée te voir pour avoir un plan alimentaire, pas pour me faire dire la vérité. J'ai quand même suivi ton plan pendant quelques mois et j'ai obtenu des résultats positifs. J'avais perdu quelques livres, mais j'ai vite repris le poids perdu quand j'ai cessé d'aller te voir. Tu me faisais peur parce que je ne voulais pas m'avouer, qu'au fond de moi, j'avais beaucoup de choses qui n'étaient pas réglées. Il n'y a pas longtemps, j'ai eu des émotions qui ont refait surface et, au lieu de continuer à les cacher, j'ai décidé de me prendre en main et de retourner te voir. Aujourd'hui, je ne dis plus que tu es folle. Je dis que c'est moi qui a été folle pendant plusieurs années de ne pas être MOI. Tu me permets de me libérer de mon passé, de penser à moi et de vivre dans le présent. Je commence tranquillement à arrêter de me soucier des gens qui m'entourent et à m'occuper de moi-même. À chaque rencontre, tu m'enlèves du poids sur mes épaules et je me sens de plus en plus forte même s'il me reste un bon bout de chemin à faire. En plus, je commence à perdre du poids et je ne suis pas de « régime ». C'est merveilleux ! Merci Suzie de me guider dans ma nouvelle vie, qui soit dit en passant, est de plus en plus belle !

Stéphanie Gendron

L'âme, l'esprit et le corps : les trois moteurs de notre ÊTRE

Généralement, les gens fonctionnent avec leur tête conformément à ce que leur mère leur a appris alors qu'ils n'étaient encore que des enfants. « Pense avant d'agir. » « Va réfléchir à ce que tu viens de faire. » Ces enseignements les mènent à se culpabiliser, à s'en vouloir avant même de percevoir l'essence du message. Il y a quelques années à peine, les gens avaient beaucoup moins d'idées sombres qui leur traversaient l'esprit. De nos jours, on peut affirmer que ces idées noires ont presque doublées. Le besoin de bien paraître et le jugement des autres étant de plus en plus importants, ils favorisent l'apparition de la paranoïa.

Lorsque tu prends conscience que ton corps est un élément réactionnel et non seulement un outil, tu te rends compte qu'il est vraiment extraordinaire. Mais quand tu prends conscience de ses appels au secours, il en est autrement ! C'est plus douloureux ! Et si, en plus, tu es mal accompagné dans ton cheminement, ce sont les maladies mentales qui prendront le dessus et pourront te mener jusqu'à la dépression, voire au suicide.

Le corps, une voiture?

Lorsque la tête fonctionne de façon indépendante

Quand tu es trop « dans ta tête », ton corps et ton âme sont en déséquilibre. Toutes les sphères de ta vie peuvent être affectées, que ce soit l'appétit (versus instinct de survie), la sexualité (versus la reproduction) ou le plaisir (versus le bonheur de vivre). Les « petits hamsters » qui trottent dans ta tête en sont les seuls coupables. Trop concentrés à trotter, ils te font oublier le reste de tes besoins. Penser ne suffit pas, il faut agir, parler, écouter. Il faut s'arrêter et même demander de l'aide si nécessaire. Il faut extérioriser les tourments qui hantent ta tête en les exprimant avec des mots. En général, il est plus facile de vivre dans ta tête que dans ton corps. Les choses qui se passent dans ta tête ne dérangent ni ne blessent personne à part toi.

Le corps, l'esprit et l'âme travaillent de concert et non individuellement. Il faut être cohérent et vrai avec toi-même à 100 %.

Voici deux exemples de personnalités extrêmes :

• L'extrêmiste « Charnelle » se concentre sur la beauté de son corps. Elle aime l'argent, tout ce qui est artificiel et mise sur son apparence. L'extrémiste « Charnelle » est beaucoup « dans sa tête » et donc loin d'être terre-à-terre. Elle est dans les nuages, elle voit son corps au lieu de le ressentir, elle ne l'habite pas. Seule son apparence est importante. Souvent révoltée, elle est envahie par la peur, elle est égocentrique, «contrôlante», rationnelle, analytique.

• L'extrêmiste « Spirituelle » se concentre sur la méditation et se contente de peu. Souvent végétarienne, elle participe à des missions humanitaires et veut sauver le monde. C'est une personne soumise qui joue à l'autruche face à ses propres besoins. Elle se présente comme étant hyper sensible, émotionnelle et intuitive. C'est une adepte des idéologies suggérées par les autres. Elle pense beaucoup mais sans vraiment accorder d'importance à ses propres pensées.

Reprends maintenant l'exemple de la voiture comparée à ton corps. Si tu as un très bon moteur mais que la carrosserie est rouillée, ta voiture sera restreinte dans ses manœuvres au risque de perdre des morceaux de sa carcasse au moindre mouvement brusque. D'un autre côté, si tu as une superbe carrosserie, avec du chrome et la meilleure des peintures anticorrosives mais que le moteur ne fonctionne pas ou mal, tu n'iras pas bien loin.

Tout ce que tu dis doit être conscientisé et assumé. Tu dois le croire, l'aimer et le mettre en pratique.

Pour un certain temps, un combat se fera entendre à l'intérieur de toi. Tu pourras croire que plusieurs personnes habitent ta conscience, que plusieurs voix enracinées viennent biaiser ton jugement. Ce sont celles de ta mère, de ton père, de ton conjoint, de tes amis et de la société en général. Des voix auxquelles tu as donné plus d'importance qu'à la tienne. Fais taire cette cohue. La seule voix qui doit se faire entendre et à qui tu dois donner libre cours, c'est la TIENNE.

« La vie est ce que tu en fais. Alors n'accuse jamais qui que ce soit d'autre pour l' état dans lequel tu es, mais sache que tu en es responsable. Change ton attitude et tu peux changer toute ta façon de voir. Adopte une attitude constructive envers la vie. Construis le meilleur à partir de ce que tu vois tout autour de toi, et ignore le reste ; ne lui donne aucune force de vie et cela disparaîtra. »

Elleen Caddy

Témoignage

Hyperactive, j' étais médicamentée depuis plus de 2 ans et j'avais des problèmes de circulation sanguine importants, connus sous le nom de maladie de Raynaud. Plusieurs médicaments avaient été testés mais sans succès. J'étais une boule de stress qui carburait sous pression. Grâce à toi, il y a maintenant un grand fleuve tranquille à l'intérieur de moi. Je suis tellement remplie d'amour et de gratitude que j'ai parfois l'impression que je vais exploser de bonheur. Je ne prends plus aucune médication, mes malaises intérieurs et physiques n'existent plus. Tout cela grâce à ton support, tes conseils, ton écoute, ta générosité. Tous ceux qui ont tenté l'expérience et qui n'ont pas eu peur d'affronter leurs propres vérités l'affirmeront : la conquête de soi par la vérité procure un bonheur durable jusqu'alors insoupçonné. Merci encore à toi, merci de partager ton don avec tous ceux qui désirent prendre leur vie en main et oser l'authenticité envers eux-mêmes. Tu as été et seras toujours pour moi un guide qui a su me placer sur le chemin du bonheur.

Caroline Levasseur

Devenir heureux dans un monde malade

Étrangement, tu te méfies davantage des gens heureux que de ceux qui ne le sont pas. Cesse d'être jaloux et apprends. Cette personne ne fait pas d'effort et obtient tout ce qu'elle désire ? Observe-la afin d'obtenir les mêmes résultats ! As-tu vraiment peur du bonheur et de l'amour ?

Il faut bannir ces phrases de ton univers :

- C'est trop beau pour être vrai !

- Est-ce un rêve ? J'ai peur de me réveiller.

- Si je tombe, je vais tomber de haut.

- J'ai juste eu de la chance.

- C'est beau, c'est effrayant !

- Il est trop beau, trop fin, trop doux, trop romantique pour moi !

TROP n'existe pas ! Tu veux toujours plus et tu peux obtenir plus ! DEMANDE ET ACCEPTE.

Tu demandes que la vie soit simple et tu la compliques. On pourrait même aller jusqu'à dire que tu aimes vraiment souffrir et que tu repousses le bonheur et l'amour.

Aussi contradictoire que cela puisse paraître, « se choisir » t'emmène sur des sentiers inconnus. Au lieu de suivre le chemin qu'une autre personne t'a indiqué (tes parents, ton conjoint, tes amis, la société), au lieu de faire confiance à quelqu'un d'autre, tu développeras ta confiance envers toi-même. Il est souvent plus facile d'octroyer sa confiance à quelqu'un d'autre que de croire en toi. Pourtant, en te choisissant, tu décides de chaque tournant, de chaque direction et de chaque arrêt. Tu choisis qui tu invites dans ta vie. Si tu n'as pas confiance en toi, si tu ne te priorises pas, comment pourras-tu accueillir une vie riche et harmonieuse ? Comment pourras-tu rester indifférent face aux commentaires et à la jalousie des autres ?

• Convaincs-toi que tu es la personne la plus gentille au monde, la plus belle, la meilleure.

• Deviens ambitieux au lieu de t'apitoyer sur ton sort.
Tu dois passer par la « mort » avant de « vivre ». Tu dois perdre pour apprécier. Grâce à ces situations problématiques, tu goûtes à l'authenticité de ce que la vie t'offre. N'attends pas de souffrir. Remercie la vie d'avoir tout ce que tu as et sois ouvert à recevoir encore plus parce que tu y as droit !

« Les Hommes perdent la santé pour accumuler de l'argent, ensuite ils perdent de l'argent pour recouvrer la santé...
Et, à penser anxieusement au futur, ils oublient le présent
de telle sorte qu'ils finissent par ne vivre ni le présent ni le futur... Ils vivent comme s'ils n'allaient jamais mourir et meurent comme s'ils n'avaient jamais vécu. »

• Garde en tête que tu ne peux pas offrir aux autres ce que tu ne t'offres pas à toi-même.

• Commence par tout expérimenter sur toi-même.

• Donne-toi de l'amour et tu pourras en donner aux autres.

• Commence par sourire à la vie et ensuite tu souriras aux autres. Ce sourire sera affiché en permanence sur ton visage sans même que tu aies à y penser.

• Pardonne-toi et tu pourras ensuite pardonner aux autres. Accepte les situations au lieu de les regretter sans cesse.

• Si tu ne te donnes pas le droit d'être aimé et de vivre dans l'abondance comment pourras-tu être heureux pour quelqu'un d'autre ? Comment pourras-tu te réjouir du succès de tes propres enfants si tu ne te donnes pas le droit d'être la personne la plus choyée au monde ?

Tu es en VIE, apprécie-le ! Réalise que tu vis dans l'abondance. Être en santé est le plus beau cadeau de la vie. Si tu es sur le bon chemin, tu auras une santé de fer !

Tu prends conscience de l'importance de quelque chose quand tu le perds. Tu réalises l'importance des choses quand elles te manquent. Quand tu perds la santé, tu prends conscience du bien-être que tu prenais pour acquis. C'est après avoir perdu un être cher que tu regrettes de ne pas lui avoir exprimé tes sentiments.

Tu dois passer par la « mort » avant de « vivre ». Tu dois perdre pour apprécier. Grâce à ces situations problématiques, tu goûtes à l'authenticité de ce que la vie t'offre. N'attends pas de souffrir. Remercie la vie d'avoir tout ce que tu as et sois ouvert à recevoir encore plus parce que tu y as droit !

« Les Hommes perdent la santé pour accumuler de l'argent, ensuite ils perdent de l'argent pour recouvrer la santé…
Et, à penser anxieusement au futur, ils oublient le présent de telle sorte qu'ils finissent par ne vivre ni le présent ni le futur… Ils vivent comme s'ils n'allaient jamais mourir et meurent comme s'ils n'avaient jamais vécu. »

Dalaï Lama

« Être heureux ou malheureux, joyeux ou triste, sont souvent des états de conscience très relatifs. Voici un exemple qui vous rappellera sans doute quelques expériences que vous avez faites. Vous êtes là un peu désoeuvré, un peu triste, la vie vous paraît sans couleur, sans goût... Soudain, vous apprenez une mauvaise nouvelle : il y a eu un accident, un membre de votre famille, ou un ami, est très gravement blessé, peut-être ne survivra-t-il pas... Là, bien sûr, vous êtes vraiment très malheureux et c'est normal. Mais quelques heures après, vous apprenez que c'est une erreur, il y a eu une confusion. Alors, soudain, quelle joie ! La vie vous paraît tellement légère, belle et riche ! Oui, mais pourquoi ne vous paraissait-elle pas ainsi avant ? Pourquoi a-t-il fallu que l'on vous annonce par erreur qu'un parent, un ami pouvait mourir, pour vous faire prendre conscience qu'avant déjà vous étiez heureux ? »

Omraam Mikhaël Aïvanhov

Témoignage

Moi, perdre tout ce gras en trop ? Redevenir mince ? Impossible, je ne serai jamais capable ! C'est ainsi que je parlais, il y a à peine un an. Mais il ne faut jamais dire jamais. À la fin du mois de juillet 2009, je pesais 152,2 lbs. Quatre mois plus tard, à la fin novembre, je pesais 105 lbs. Il y a plusieurs mois de cela, une amie m'avait parlé de la merveilleuse Suzie et elle m'avait dit que cette naturothérapeute pourrait m'aider à redevenir mince si je le voulais. Alors, j'ai pris rendez-vous. Suzie m'a apporté l'espoir d'être bien dans ma peau, l'espoir de retrouver confiance en moi, l'espoir d'être tout simplement moi à nouveau. Avec elle, j'ai appris à m'aimer et à me respecter davantage et à vivre ma vie. Enfin, je suis mince à nouveau. Je me sens bien et je m'aime. Tout ça, grâce à l'aide de la merveilleuse Suzie. Je m'appelle Kathia Lemieux, j'ai 20 ans, je suis mince et j'en suis fière.Tu es une personne merveilleuse Suzie et je te serai toujours reconnaissante de m'avoir aidée à retrouver confiance en moi ! Je t'adore !

Katia L.

Te sauver toi-même avant de sauver les autres

C'est en te sauvant toi-même que tu sauveras les autres. En constatant ton bonheur, les autres voudront à leur tour être heureux tout comme tu l'es devenu.

« Sois le changement que tu veux voir dans le monde. »

Ghandi

Comme dans la majorité des formations de secourisme, voici ce qui est enseigné lors de cas de noyade. Cette formation démontre clairement que tu dois, un jour ou l'autre, faire le choix de te sauver toi-même avant de vouloir sauver les autres.

Le principe du sauvetage

Tout est relativement facile avec un mannequin mais, dans la réalité, c'est une autre paire de manches. La personne qui se noie est en état de panique et tente de ne pas couler. Lorsqu'on se présente à elle pour la secourir, elle aura le réflexe de s'agripper à nous, de nous monter sur la tête, et, par le fait même, de nous faire couler à notre tour. Il faut donc, tout d'abord, essayer de calmer la personne et de la rassurer. Si cela ne fonctionne pas, il faut l'assommer d'un coup de poing au visage afin de lui faire perdre conscience. Ainsi, il sera possible de la ramener. Cependant, s'il n'y a aucun moyen de lui faire perdre conscience et que son état de panique persiste, on doit la laisser tomber et revenir seul. Il ne servirait à rien de se noyer avec elle.

Voici une philosophie que j'applique personnellement à chaque jour : Je prends soin de moi pour être en mesure de prendre soin de mes deux fils, de mon amoureux, de ma famille, de mes amis, de mes collaborateurs et de mes clients. Prendre soin de moi signifie être la meilleure personne possible avec chacun d'entre eux. Parce que se choisir, veut dire être équilibré, comprendre que tu es le seul responsable de ta santé mentale et physique. En prenant grand soin de toi, tu peux être présent pour les personnes qui t'entourent.

Si tu refuses de prendre du repos parce que tu es trop occupé à te soucier de ton partenaire, de tes enfants, de tes amis, de ton patron et que tu coures partout comme une poule sans tête, un beau jour, tu tomberas à genoux, épuisé. Tu te sentiras coupable de ta faiblesse, coupable de ne plus pouvoir donner et ce sera bien fait pour toi ! En vérité, tu ne seras coupable que d'une seule chose et ce sera de ne pas avoir pris soin de toi.

T'octroyer le meilleur

Pourquoi la vie est-elle remplie de limitations ? La réponse est tellement simple. C'est parce tu ne t'aimes pas suffisamment pour croire que tu mérites absolument tout dans la vie. Certains pensent ainsi : « Allons donc ! Je ne peux pas avoir une voiture neuve ! » « Qu'est-ce que ma famille, mon voisin penseront de moi ? » « C'est certain qu'il y a une attrape dans cette opportunité, c'est trop beau pour être vrai ! » « Je ne pourrai jamais m'offrir une voiture neuve. » Tout est TROP beau pour eux. Ces personnes, qui représentent malheureusement une grande partie de la population, ont accepté un état de victime, de résignation. Ils sont nés pour un petit pain, pour rester sans gain et mourir avec rien.

Les théories sur la loi d'attraction sont vraies même si elles sont parfois difficiles à appliquer. Quand tout va bien, tu es plus enclin à bien gérer tes pensées et tes émotions mais, quand tes peurs prennent le dessus, il en va tout autrement.

J'essaie de rendre les gens conscients de leur inconscience, de leur faire voir le potentiel qui sommeille en eux. J'essaie de leur redonner le contrôle sur leur vie et leurs réactions. J'essaie de leur montrer qu'ils peuvent créer leur propre idée de la vie parfaite. J'entends souvent des gens prétendre qu'ils sont positifs mais le sont-ils vraiment ? Est-ce qu'ils s'inventent des histoires en lesquelles ils croient ? Par exemple, une femme peut prétendre être très heureuse avec son conjoint, mais, en fait, ce n'est pas vrai. Il y a nuance entre ce qu'elle souhaite vivre et ce qu'elle vit. Il y a beaucoup de livres qui traitent du positivisme et de la loi d'attraction mais ils sont souvent très mal compris par les gens qui répètent, comme des perroquets, ce qu'ils ont lu mais ne le ressentent pas. Ils n'arriveront à aucun résultat de cette façon. Tu ne peux pas faire comme « si » avant de faire place au positif. Moi, j'aime faire éclater vos bulles pour vous faire revenir sur terre !

Tu ne peux pas te faire croire que tu es heureux, il faut le devenir ! Il ne suffit pas de te regarder dans le miroir et de te faire croire que tu es la personne la plus belle et la meilleure. Un jour ou l'autre, tu seras frustré car il n'y aura aucun résultat. Ce n'est pas ainsi que cela fonctionne. Tu dois tout mettre en action pour devenir la personne la plus belle et la meilleure. Voilà la différence.

« Avant d'agir, tâchez de bien étudier la situation, pesez le pour et le contre, et même demandez conseil jusqu' à ce que tout soit bien clair pour vous. La confiance aveugle de ceux qui se précipitent dans l'action ne peut que les conduire à l' échec. Quand on ne veut rien voir de la réalité autour de soi, quand on refuse de tenir compte de tous les éléments d'une situation, on se casse la tête. La détermination est une chose et l'obstination en est une autre. Tant d'entreprises ont échoué malgré la confiance absolue qu'avaient les gens! Ils manquaient d'expérience, ils n'avaient pas bien étudié les différents aspects d'une question. Ils s'imaginaient que, pour réussir, il suffisait d' être animé des meilleures intentions et d' être convaincu, le Ciel ferait le reste. Eh non, cela ne suffit pas. Mais une fois que vous avez réfléchi et que vous y voyez clair, vous devez écarter la moindre hésitation, afin d' être capable non seulement d'agir correctement mais de persévérer quelles que soient les difficultés. »

Omraam Mikhaël Aïvanhov

Témoignage

Je peux dire que ma vie a changé pour le mieux depuis que je te connais. Tu es très directe, parfois, cela me fait peur mais c'est pour le mieux. Je perds beaucoup de poids et mon estime de moi augmente d'autant. Je ne faisais que survivre avec mon surplus de poids et mes peurs. Tu m'as fais découvrir la femme qui dormait en moi. Je me suis reprise par deux fois pour comprendre car j'avais repris du poids et j'ai dû revenir te voir. Merci pour tout ce que tu fais pour moi et jamais je ne t'oublierai.

Lucie N.

T'accepter tel que tu es, corps et âme !

Quand je pense à ce que les femmes s'imposent de nos jours, il me vient en tête cette vieille chanson intitulée : « Un pied mariton ». Vous souvenez-vous de cette chanson où il était question de Marie-Madeleine qui était entièrement refaite ?

Marie-Madelaine a un ventre d'acier, un cou en tuyau, une gueule de bois, une dent d'ciment, un nez d'plastique, un oeil de vitre, des ch'veux d'papier, une cuisse de v'lours, une jambe de bois... un pied mariton Madeleine, un pied mariton Madelon !

De nos jours, il y a de tout : des faux ongles, des faux cils, des faux seins, du collagène pour les lèvres, des rallonges et de la teinture pour les cheveux, du maquillage permanent, de la liposuccion, du remodelage de visage, du bronzage et j'en passe !

Notre nez, nos lèvres, nos seins, nos cuisses, nos dents, notre peau, nos cheveux... La liste des choses que nous n'apprécions pas est longue et elle risque de s'allonger avec l'âge. Nous sommes plusieurs à se faire plumer le porte-monnaie et à perdre de l'énergie pour venir à bout de nos prétendus défauts. Et si nous arrêtions de trouver que le gazon est plus vert chez le voisin et que nous nous acceptions telles que nous sommes. Peut-être aurions-nous enfin les résultats souhaités tout en conservant notre équilibre ? Je ne suis pas contre le maquillage ou la chirurgie, mais tout est, encore une fois, une question d'équilibre.

Ton apparence reflète ton intérieur. Ton corps trahit tes paroles.

Tes rides, tes problèmes de peau, de cheveux, de poids, bref, tous tes problèmes d'apparence trahissent ta souffrance intérieure. Réveille-toi et assume ce que tu vois. Agis et guéris maintenant !

Je crois que tout est possible si tu y crois vraiment, mais, es-tu vraiment prêt à mettre le temps, l'énergie et l'argent nécessaire pour donner un sens à ta vie ?

Deviens une femme ou un homme avec un cœur d'enfant et VIS sans penser ni analyser, sans remettre en question, ni regretter ou culpabiliser. La pensée qui précède l'action est le résultat final de ce que ton corps te retournera. Prête-lui attention ! Vis et fais ce que tu as ENVIE pour te sentir EN VIE. Amuse-toi et cesse de te prendre au sérieux et de tout prendre trop à cœur.

Il y a un dicton qui dit : « Travaillez comme si vous n'aviez pas besoin d'argent, dansez comme si personne ne vous regardait, aimez comme si vous n'aviez jamais été blessé, chantez comme si personne ne vous entendait, vivez comme si le paradis sur terre existait. »

Pourquoi faire comme tout le monde : dormir, manger, travailler, vieillir et mourir ? Oui. je comprends, que c'est ce que tu as appris mais tu peux changer ta vie autant que tu le veux ! Elle t'est donnée, à toi d'en profiter. Change tes objectifs, crois sans avoir vu et en ce qui t'arrivera.

La vie ne devient vraiment magique que lorsque le cœur parle avant la raison. Changer n'est pas mourir mais, ne rien tenter l'est. Selon moi, il n'y a qu'une façon de mourir : ne pas écouter son âme ni son cœur, se perdre et survivre.

Regarde ton nombril avant de regarder celui des autres.

- T'accepter, t'aimer tel que tu es
- Agir
- Arrêter de te culpabiliser
- Te sauver avant de vouloir sauver les autres
- Accepter l'erreur et dédramatiser
- T'affirmer
- Être franc avec toi-même
- Rester fidèle à tes idées
- Être toi-même au risque de déplaire

« La vie vous apparaîtra toujours telle que vous êtes vous-même. Si vous vous dites : elle est belle, c'est parce qu'intérieurement vous êtes beau, et si vous pensez qu'elle est absurde et moche, c'est que vous êtes en train de vous apercevoir un peu dans ce miroir...La vie est à notre image, nous n'y voyons que ce que nous portons en nous. C'est pourquoi il se trouve toujours une vie différente d'une autre vie. On dit : « la vie », et on croit savoir de quoi on parle, en s'imaginant que le monde entier possède le même degré et la même qualité de vie. Non, en disant : « la vie », chacun parle seulement à son niveau et ne se prononce que d'après sa propre vie. Mais la vraie vie dans toute son ampleur, sa grandeur, son immensité, on ne la connaît pas, on peut seulement s'en approcher ; et on ne s'en approche que si l'on est capable de rétablir le lien avec le monde de l'âme et de l'esprit. »

Omraam Mikhaël Aïvanhov

Témoignage

J'ai essayé beaucoup de diètes et j'ai fait de l'entraînement. J'obtenais des résultats tant que je les suivais mais aussitôt interrompus, c'était la catastrophe et je reprenais le poids en double. Et c'est sans compter la culpabilité que je m'imposais lorsque je trichais. Un jour, ma belle-sœur m'a parlé de son nouveau plan alimentaire et de Suzie. Elle me disait qu'elle était formidable, qu'elle savait nous dire les choses telles qu'elles sont, sans détour. J'ai pensé qu'elle s'était fait avoir ! Quelque temps plus tard, mon mari m'a avoué qu'il ne m'aimait plus. Ce fût le déchirement total après 22 ans de mariage. J'avais 53 ans et quand je me regardais dans le miroir, je ne m'aimais pas. Je comprenais que mon mari me quitte pour une autre femme, plus belle et plus petite, j'étais tellement moche ! Après deux mois de questionnements, de pleurs et de colère, j'ai pris conscience que je jouais à la victime. Pauvre de moi, il m'avait laissée, je faisais pitié. Puis, j'ai revu ma belle-sœur. Elle était épanouie, pleine de vitalité, belle, rajeunie de dix ans. J'ai décidé de me faire avoir moi aussi ! Quand j'ai rencontré Suzie, j'étais émotive (encore victime) et elle m'a dit que c'était le temps de penser à moi, de me prendre en main, d'arrêter de vouloir sauver les autres et que c'était moi que je devais sauver. Elle m'a dit : « Tu vois comme l'univers est bon pour toi, il t'a enrobée pour que tu ne tombes pas malade ». J'ai eu mon premier plan alimentaire que j'ai suivi à la lettre et grâce auquel j'ai perdu cinq livres. Cela m'a encouragée à continuer surtout que je ne trouvais pas ça difficile, bien au contraire. J'ai découvert des produits nouveaux dont je ne connaissais pas l'existence et que j'ai appris à aimer. Auparavant, j'avais toujours mal à l'estomac et je prenais « une petite pilule » pour faire passer ça ! Maintenant, je digère tout ce que je mange et je mange avec goût. Je ne sens plus de ballonnement après les repas, je ne fais plus de cholestérol et ma pression est normale. Cela fait maintenant huit mois que je suis ce plan alimentaire. J'ai perdu 30 livres. Mes amis constatent que j'ai changé et pas seulement d'apparence mais mentalement aussi. Je me sens comme à

30 ans (l'âge de mon mariage), séduisante et en forme. J'ai le goût de vivre pleinement ma vie et de relever des défis, de prendre ma place. J'aime ce que je vois dans le miroir, je suis fière de moi. Je suis prête à vivre mes rêves. Mon plan alimentaire n'est pas comme les diètes que j'ai suivies auparavant. C'est plutôt une autre façon de s'alimenter. J'aime ça et c'est sain. Suzie, la première fois que je t'ai rencontrée, tu m'as dit que j'allais réussir et tu avais raison. Grâce à toi et à ma détermination, j'ai réussi. L'univers t'a placée sur mon chemin au bon moment. Merci d'être aussi vraie et de nous dire les choses telles qu'elles sont. Merci de nous faire prendre conscience que prendre soin de nous ne signifie pas que nous sommes égoïstes mais réalistes. Tous les modèles que nous ont transmis nos parents se corrigent par des pensées positives. Toute l'agressivité refoulée ne fait que nous empêcher d'avancer. Les épreuves de la vie ne doivent pas nous abattre, mais nous former. Voilà le témoignage d'une femme qui se sent bien dans sa peau et qui a retrouvé son estime de soi. Je souhaite que ce témoignage vous donne l'envie de prendre soin de vous et de votre santé.

Marlyne Foster

Savoir lire les messages de la vie

L'effet miroir, un bon guide

Ton conjoint, tes enfants et tes animaux domestiques reflètent qui tu es. Il peut s'agir d'une qualité ou d'un défaut. Ils sont là pour te réveiller et te «piquer». Tout ce qui se passe en toi est autour de toi.

Cependant, il est important de préciser que les gens autour de toi, à l'extérieur de la famille directe, ne sont pas tes miroirs. Ils sont dans ta vie pour t'aider à t'assumer, à te respecter, à dire ce que tu penses et à prendre ta place. Il ne faut pas penser que si tu vois une personne fâchée, c'est que tu l'es toi aussi !

Certaines personnes qui me consultent à la clinique me parlent des miroirs et je constate qu'ils ne comprennent pas bien le principe. Souvent, ils ont lu sur le sujet, à gauche et à droite et ils sont confondus. En premier lieu, les messages sont transmis dans ton corps et, par la suite, à travers tes enfants, ton conjoint. Si tu ne vois toujours pas le message, il passera par tes rêves ou directement par le matériel (voiture, maison, etc.).

Si, en entendant ou en voyant quelque chose, tu as une réaction, cette dernière t'appartient et a une raison d'être. C'est toi qui a un problème et non la personne en face de toi (*ou vice versa*). Peut- être fait-elle revivre en toi une émotion du passé qui n'a pas été pleinement vécue ou mal digérée ?

Par exemple, tu as les larmes aux yeux...

• en entendant parler de la violence faite aux enfants.

• en voyant un animal mort sur la chaussée ou maltraité par un voisin.

• en entendant parler de la pauvreté ou en la constatant dans la ville où tu vis.

• en voyant une personne handicapée qui a de la difficulté à se mouvoir.

Le jour où tu aimeras tout le monde sera le jour où tu t'aimeras inconditionnellement. Comprends-moi bien : Aimer tout le monde signifie aimer la personne mais pas nécessairement son comporte- ment et l'accepter dans ta vie. Il y a une différence importante entre le comportement d'une personne et la personne elle-même ! S'il te faut éliminer quelqu'un de ta vie, il ne s'agit pas de l'envoyer promener mais bien de l'aimer inconditionnellement tout en te respectant et en refusant qu'il fasse partie de ta vie.

Est-ce que tu admires quelqu'un qui a un grand sens de l'humour ou une éthique de travail sans pareil ? Il y a de fortes chances pour que ces qualités soient déjà développées en toi sinon tu ne les verrais pas. C'est un peu comme un voleur qui reconnaît ses pareils. Il reconnaît les attitudes des voleurs parce qu'il les porte en lui- même. Une personne qui ne pense pas à voler ne se méfie pas des voleurs puisque l'idée même de voler ne lui effleure pas l'esprit. Tu ne détectes chez les autres que les comportements que tu as en toi-même. Il faut donc commencer par changer tes comportements au lieu de vouloir changer les comportements des autres. Regarde la poutre dans ton œil au lieu de voir la paille dans l'œil de l'autre ! Si tu apprécies des qualités chez les autres, cela signifie que tu les possèdes aussi. Ces qualités sont soit visibles soit dormantes à l'intérieur de toi et elles n'attendent que d'être réveillées. Cesse d'envier les autres et de te comparer, tu perds ton temps. Deviens la personne que tu as toujours enviée ! Tu connais une amie dont le conjoint la manipule ? Comment peux-tu savoir qu'elle se fait manipuler sinon que tu es toi-même manipulatrice ? C'est la raison pour laquelle tu es apte à voir cette attitude chez les autres. Ton amie ne le perçoit pas puisqu'elle n'est pas manipulatrice, mais victime.

Regarde à quel point tu n'es pas cohérent dans ta vie. Tu attends que les autres te disent que tu es une belle, bonne et gentille personne et lorsqu'ils te le disent, tu ne les crois pas ! Cela signifie qu'aussi longtemps que tu ne te croiras pas toi-même, tu ne pourras jamais croire les autres.

Que penses-tu qu'il arrive lorsque tu crois que la vie est vraiment difficile? Cette croyance te sera reflétée par le monde à l'extérieur de toi. Si tu ne crois pas mériter de gagner beaucoup d'argent, quelles sont tes chances d'obtenir une augmentation de salaire ? Qu'est-ce qui arriverait si tu commençais à croire que tout arrive facilement et que tu le mérites toi aussi ?

Les gens autour disent tout haut ce que tu tais en toi. La vérité choque, tu as sûrement déjà entendu cet adage ! Il faut agir avec certitude et vérifier cette certitude en observant les autres. C'est à travers eux que tu pourras voir où tu en es dans ton cheminement. Il ne sert à rien d'en vouloir à ces personnes qui semblent agressives avec leurs commentaires désobligeants, elles ne répètent que ce que tu ne veux pas entendre. Si tu te lèves un bon matin en croyant que tout le monde va remarquer que tu as pris du poids, tu entendras assurément un commentaire sur ton poids au cours de ta journée. Si tu n'es pas convaincu d'une décision que tu as prise, il est à parier que tes parents ou tes amis te feront part des mêmes doutes. La vie veut que tu prennes une seule direction et que tu la suives avec conviction. La vie ne peut pas être vécue par demi-mesures car elle perd toute sa saveur.

Aimes-tu les gens menteurs ? Non, assurément. Pourtant, tu te mens à toi-même ! En voici un exemple : Ton amie a un nouveau copain et il est très laid. Lui diras-tu ou feras-tu semblant qu'ils sont bien assortis afin de ne pas la blesser ou lui faire de la peine ? Voilà les raisons pour lesquelles tout le monde ment ! Les gens mentent par peur de blesser et faire de la peine. Il ne faut pas te demander pourquoi la planète fait du surplace. Pour évoluer, il faut te faire dire tes quatre vérités en plein visage. C'est choquant sur le moment, mais, par la suite, la blessure guérit et tu penseras que cette personne avait raison au fond.

Un jour, une collègue m'a demandé de l'attendre dans sa voiture en hiver parce qu'elle voulait rendre visite à quelqu'un. Trente minutes plus tard, j'attendais toujours et j'avais froid car elle avait coupé le contact. Je me disais que jamais je ne ferais une chose pareille à quelqu'un. Quelle sorte de personne pouvait bien laisser quelqu'un geler dans sa voiture ? Je me disais que c'était un manque flagrant de respect envers les autres. C'est alors que j'ai saisi le message : je reste là à geler parce que je ne me respecte pas. Une semaine après cet incident, cette compagne a changé d'emploi et je ne l'ai plus jamais revue depuis. Elle est sortie de ma vie puisqu'elle n'y était que pour me faire passer ce message. En comprenant le message, la personne est disparue de ma vie. Elle était simplement dans ma vie pour me refléter ce manque de respect.

Une cliente avait de la difficulté à faire le deuil de son père. Elle le voyait partout. Elle avait l'impression que les gens autour d'elle agissaient comme son père. Un de ses collègues portait même son parfum. Elle se surprenait elle-même à parler comme lui, à agir comme lui. Tout lui rappelait son père. La nuit, elle en rêvait. Elle a dû se rendre à l'évidence et vivre son deuil. Elle devait affronter ses émotions.

Lorsque tu dors, ton corps se relâche et ton esprit peut alors vagabonder plus facilement n'étant pas dérangé par les facteurs ambiants. Ton esprit se concentre alors sur l'état présent de tes corps, physique et émotionnel. À travers tes rêves, ton corps s'exprime. Si ton sommeil est inconstant et que tu te réveilles à des heures précises, il y a, là aussi, un message à capter.

Miroir, mon beau miroir, dis-moi que je suis la plus belle personne !

Les rapports que tu entretiens avec ces surfaces réfléchissantes que sont les miroirs sont aussi exigeants que complexes. Il y a des matins où la glace te sourit, il y en a d'autres où elle se montre impitoyable. Le pire est que ce reflet, cette image, cet autre « toi », va t'accompagner tout au long de la journée. Il suffit d'un rien pour te sentir une belle personne ou un laideron. Une remarque désobligeante te fait sombrer dans le désespoir. Au contraire, le sourire d'une personne inconnue, croisée par synchronisme, redore le blason de ton narcissisme. Au cours de ta journée, tu peux avoir reçu plusieurs beaux compliments mais, si une seule personne prétend que tu as l'air fatigué, il est certain que tu feras une fixation sur ce commentaire au lieu de te concentrer sur tous les commentaires positifs que tu auras reçus. C'est à croire que tu aimes te faire du mal !

Tes relations avec ton apparence, ton image corporelle, sont marquées du sceau de l'incertitude. Tributaires du regard – le tien et celui des autres - elles varient au gré des jours et des lunes, te menant de l'autosatisfaction à la déprime. Qui ne connaît pas la douloureuse expérience de ces réveils moroses où l'image rencontrée dans le miroir semble dire: « Vraiment, tu n'as rien pour toi aujourd'hui ! Regarde ces cernes, ce teint blafard, ces cheveux ternes, ces kilos en trop. Ce triste spectacle, c'est toi ! »

Brutalement, tu as envie de te cacher, de te terrer chez toi. Mystérieusement aussi, ta garde-robe perd tout intérêt: « Je n'ai rien à mettre, rien ne me va. » Que faire ? Te précipiter chez le coiffeur et le meilleur couturier ? Entreprendre immédiatement un « régime » draconien ? Où pourras-tu te procurer la potion magique, le produit miracle, ou le traitement qui te rendra un teint éclatant et une peau lisse ?

Lorsque tu te regardes dans le miroir, que te dit-il ?

Regarde ton conjoint et tes enfants en ayant à l'esprit le concept des miroirs et tu auras d'eux une tout autre perception. Tout ce que tu vois est une réflexion de ce que tu es. Ta famille devient un endroit où tu apprends à te connaître à fond et il est beaucoup moins effrayant parce que ce n'est qu'une réflexion de ce qui se passe en toi. Les miroirs de ta famille t'offrent l'opportunité de te regarder droit dans les yeux et de t'avouer franchement qui tu es vraiment. Il n'y a aucun endroit où tu peux te cacher ou fuir. Tout ce qui est en toi est autour de toi. Tout ce dont tu as besoin se manifestera au bon moment.

Le concept des miroirs est tellement simple qu'il fait peur aux gens qui y voient le lot de problèmes qu'ils ont à régler. Une fois que la théorie est comprise, c'est un outil indispensable qui aide profondément au développement personnel et spirituel. Il vaut la peine que tu y consacres du temps.

Il est beaucoup plus facile de voir ce qui se passe quand on observe de l'extérieur. As-tu déjà remarqué que, lorsque tu es heureux, ta journée se déroule sans accrocs ? À l'opposé, as-tu déjà remarqué que lorsque tu es malheureux, tout est compliqué et tout va mal ? Il n'y a rien qui fonctionne. Tu tombes sur tous les feux rouges alors que tu es en retard au travail, tu perds ton portefeuille, tu manques l'ascenseur, tu te blesses et quoi encore ?

Lorsque tu réagis avec la colère, la frustration, la peur, la peine ou l'agressivité, c'est que tu as un problème. Règle-le ! Deux personnes ayant des vécus différents réagiront de manières différentes à une même situation. Admettons que ton supérieur a besoin de te parler et que ta première réaction est de demander ce que tu as fait d'incorrect. C'est très stressant. Pour une autre personne, sa réaction est d'accepter cette demande et de continuer à vaquer à ses occupations, sans se poser de questions. Tout va bien. C'est toi qui fait en sorte que la situation est angoissante. C'est toi qui a un problème à régler.

Quand tu constates à quel point les modèles répétitifs sont répandus dans ta vie et que la vie te parle, tu commences à comprendre que tout est interrelié. C'est comme une pièce de théâtre. Ne sois pas le spectateur qui regarde la pièce avec envie. Saute dans tes souliers, joue ton rôle, travaille sur toi pour arriver à prendre ta place, t'affirmer, guérir et évoluer une fois pour toutes.

Témoignage

Hourra ! Je suis passée de la taille 17 à la taille 7 et ce, entre janvier 2007 et mai 2007. Grâce à la stabilisation, je maintiens mon poids, je dirais même que j'ai perdu encore quelques livres depuis ce temps. Cette façon de s'alimenter est merveilleuse parce que vous n' êtes pas brimés tout le temps, vous avez un répit les fins de se- maine. Quand j'ai commencé cette nouvelle façon de m'alimenter, je doutais un peu des résultats, mais je me suis dit que je ne per- dais rien à essayer. Je l'ai fait avec intégrité et j'ai respecté toutes les consignes du mieux que je pouvais. J'ai commencé le 8 janvier 2007 et j'ai entamé la stabilisation à la fin de mai 2007. Tout ce que tu m'avais dit est arrivé. Cela s'est fait tout doucement. J'ai repris du muscle et mon corps s'est transformé. J'ai à nouveau une taille, j'ai perdu du volume aux fesses et aux cuisses. Ma graisse s'est transformée en muscle et, par le fait même, je ne suis pas devenue flasque. Personne ne m'a demandé si j' étais malade parce que j'avais maigri. Il faut aussi penser au côté moral. Que cela fait du bien de redevenir à notre goût ! Il n'y a pas de prix pour cette sensation. Je suis bien avec moi-même, bien avec la nourriture. Je n'ai plus peur parce que maintenant, j'ai une façon de faire. J'ai toujours eu une bonne santé et je suis persuadée que cette façon de m'alimenter ne peut que m'aider à la garder. Tenez bon et vous aurez des résultats. Merci Suzie pour tes conseils et ta disponibilité. Je t'en suis reconnaissante.

Ginette S.

L'équilibre, la seule voie à suivre

« La vie, c'est comme une bicyclette. Il faut avancer pour ne pas perdre l'équilibre. »

Albert Einstein

Le corps a un réflexe naturel de protection. Il doit assurer sa propre survie. Donc, le corps n'a pas le réflexe naturel de vouloir se débarrasser du gras. Au contraire, il l'emmagasine par protection. C'est la raison pour laquelle tu dois le conditionner, l'éduquer par tes pensées, favoriser son équilibre en étant régulier dans tes actions et discipliné.

Le corps a une manière bien à lui de s'autoprotéger. Si déjà, tu as installé un « régime » de terreur en pensées (j'ai peur de prendre du poids, j'ai peur de grossir, j'ai peur de ne plus être capable de mettre cette jolie robe, etc.) ton corps a reçu des directives d'autoprotection. Donc, il emmagasine, il fait ses propres réserves.

Avec tout ce qui se dit et s'écrit sur le sujet, tu risques de te perdre dans les milliers de chemins qui s'offrent à toi. En vérité, il n'y a pas de secret dans le bien-être si ce n'est l'harmonie et l'équilibre.

Certaines personnes, adeptes des montagnes russes émotion- nelles, pensent que l'équilibre représente l'ennui, alors que le dictionnaire des synonymes affiche les mots suivants : calme, ferme, fixe, immuable, imperturbable, inébranlable, intraitable, invariable, persistant, robuste, solide, stable.

Ces mots représentent la confiance en toi. Avec de la confiance, tu peux franchir toutes tes peurs et qualifier tes expériences d'exaltantes. Tu ne peux pas vivre à fond sans cette confiance. En atteignant l'équilibre, en te faisant confiance, tu élimines les incertitudes de la vie qui viennent jouer sur tes émotions et, par conséquent, sur ton corps. Avec un beau corps en santé, tu te sentiras capable d'affronter l'impossible.

Peu importe le vêtement que tu porteras, tu pourras sortir de ta zone de confort et aller vers le changement et l'abondance, vivre ton plein potentiel, aller vers le positif, avoir confiance en toi et ressentir de l'estime et du respect envers toi-même. Par le mot vêtement, je ne fais pas référence aux vêtements signés des grands couturiers mais bien à la prestance avec laquelle tu les porteras.

« Aussi longtemps qu'on lutte contre soi-même, il y a effort et non croissance. »

P. Gaboury

Témoignage

Je tiens à te rendre hommage. En seulement quatre rencontres avec toi, tu m'as donné des outils inestimables. Depuis la fin de la vingtaine, je cherchais ce que j'avais perdu. En effet, au début de la vingtaine, je me sentais invincible, sûre de moi, prête à tout dans la vie. Après la naissance de mon deuxième enfant, j'ai perdu ma confiance. Ce fût une période très difficile. À partir de la moitié de la quarantaine, je me suis reconstruite tranquillement, mais il me manquait toujours ce petit quelque chose que j'avais perdu. C'est alors qu'à notre première rencontre, je l'ai retrouvé ! C'était la foi, la foi en moi ! Par la suite, à notre deuxième rencontre, tu m'as appris à me servir de ma force intérieure. C'est ainsi que je me suis guérie de ces migraines que je combattais depuis 10 ans. Depuis, j'ai retrouvé mes vieux rêves que je réalise grâce à tes précieux outils. J'étais allée voir plusieurs personnes avant toi: psychologue, physiothérapeute, naturothérapeute, médium, et tu étais mon dernier espoir. Grâce à tes recherches et à ta grande évolution, tu as su me guider vers ce qui me manquait pour être autonome et poursuivre mon chemin. Pour moi, tu es vraiment une bonne mère.

Première chose : Affectueuse
Deuxième chose : À l'écoute
Troisième chose : À l'affût de notre développement

C'est tout ce que ça prend pour faire un monde où tous peuvent être heureux. Pour ma part, je suis enfin profondément heureuse depuis que je me traite, moi aussi, de cette façon. Bravo et mille mercis encore une fois, pour tout ce que tu as fait pour moi. Je t'aime.

Diane Bergeron

Témoignage

La première fois que j'ai discuté avec Suzie, j'ai tout de suite constaté qu'elle ne passait pas par quatre chemins pour dire les choses. Lors de notre première rencontre, j'étais vidée et j'avais pris du poids. Suzie n'a pas tardé à me dire les choses telles qu'elles étaient, même si parfois c'était difficile à prendre. Grâce à l'aide qu'elle m'apporte, je réalise que depuis plusieurs années j'étais en mode survie. Je ne savais plus qui j'étais vraiment. Difficile à comprendre qu'on puisse s'oublier comme ça, mais c'était ainsi. Je voulais toujours faire plaisir aux autres et que tout le monde m'aime. Aujourd'hui, je comprends que je m'oubliais carrément. Lors de chacune de nos rencontres, Suzie me donne des conseils, me guide et me fait regagner la confiance que j'avais oubliée sur mon parcours. Parfois, à force de se faire taper dessus sans réagir ou sans rien dire, on peut finir par se mettre en mode survie. Suzie m'a fait comprendre que j'étais la personne la plus importante dans ma vie. Parfois, elle parle fort, mais elle le fait avec amour. Elle nous dit des choses difficiles à entendre, mais cela fait grandir. Suzie est une personne qui ne juge pas, qui est toujours là pour nous remettre sur le bon chemin. Suzie est une femme qui sait ce qu'elle veut. Maintenant, je peux vous dire que j'ai repris confiance en moi et que je sais ce que je veux. J'ai beaucoup plus d'énergie et j'ai perdu du poids. Voilà la belle récompense d'avoir rencontré Suzie. Merci de faire partie de ma vie.

Carole Ringuette

Témoignage

Suzie est cette femme qui m'a montré qu'il était possible de faire à nouveau confiance à la vie, et surtout, à moi-même. Elle m'a amenée à reprendre contact avec qui je suis vraiment, avec mon MOI intérieur. C'est donc à chaque jour que je mets en pratique ses conseils. Il m'arrive encore d'en échapper un, mais je chemine à travers mes rencontres. Je me sens transformée, c'est merveilleux ! Je ne crois pas que ma rencontre avec Suzie était un hasard. Quand nous réalisons que tout est énergie, que tout peut s'aligner d'une façon parfois hallucinante, il est clair qu'il n'y a pas de hasard. J' étais prête à cette rencontre et je me suis tout simplement laissée aller dans l'aventure. Tous ceux de mon entourage qui ont cru que j'étais folle ont probablement maintenant changé d'avis... En tout cas, coûte que coûte, moi j'y croyais, j'y crois encore et c'est tout ce qui compte. Concrètement, après huit mois, je réalise que je m'assume beaucoup plus, mon acné a diminué considérablement, j'ai arrêté la prise d'anti-dépresseurs, je respire (diminution de l'angoisse), je me trouve plus belle, ma silhouette s'équilibre même si j'avais déjà un poids santé, et j'en passe ! Je me remercie donc d'avoir fait confiance à Suzie, d'avoir suivi mon instinct d'aller vers elle. Investir sur moi-même, c'est ce qui me rapporte le plus. Si elle m'a aidée et m'aide encore, elle peut aussi le faire pour tous ceux qui le désirent. Il suffit juste de se lancer ! Merci Suzie de partager tout ton savoir !

Caroline F

Philosophie de Suzie illustrée en méli-mélo

Rien ne parle plus que des illustrations, des exemples et des histoires afin de vous aider à appliquer les concepts traités dans ce livre.

Les engagements envers toi-même

Un des plus beaux cadeaux que tu puisses te faire est de prendre des engagements envers toi-même. Tu ne dois pas avoir peur de le faire, bien au contraire. Certaines personnes craignent que leurs engagements ne soient trop lourds à porter et qu'ils provoquent de l'angoisse. En fait, ils ont peur des résultats !

« J'ai une personne svelte qui sommeille en moi, mais j'arrive facilement à la rendormir quand elle se réveille, en mangeant trois ou quatre gâteaux.»

Bob Thaves

N'aie jamais peur de t'engager. Dresse une liste des engagements que tu prends envers toi-même et respecte-les. Dis-toi, qu'à partir d'aujourd'hui, tu te promets de belles choses un peu comme tu le ferais pour quelqu'un que tu aimes. Je suis certaine que tu n'hésiterais pas une seconde à t'engager à nourrir ton chat correctement, à laver ta voiture une fois par semaine ou à rendre visite à une vieille tante une fois par mois. Ces promesses que tu n'hésites pas à faire pour améliorer la vie des autres, applique-les pour toi-même.

Prendre le temps

L'importance du temps est relative pour chacun.

Il est toujours temps de se prendre en mains, il n'y a pas de temps déterminé pour l'évolution de chacun. Le secret avec le temps, c'est de ne pas se créer d'attente et de ne pas se fixer d'objectifs sur lesquels on pose une date butoire. Le cheminement d'une personne, c'est l'histoire d'une vie.

J'ai rencontré deux types de clients : ceux qui travaillent une chose à la fois et ceux qui veulent faire le grand ménage complet de leur maison intérieure.

Certains me disent qu'ils ont hâte que leur corps reflète enfin le travail qu'ils ont fait sur eux-mêmes. Mais si leur corps ne change pas encore, c'est qu'inconsciemment un processus de guérison est enclenché et la personne doit aller au bout de ses prises de conscience avant d'avoir le corps qu'elle veut. Trop souvent les gens arrêtent de travailler sur eux dès qu'ils ont un beau corps. Le problème, c'est qu'ils reprennent tôt ou tard le poids perdu car d'autres guérisons restent à faire.

Ne te donne pas de limite de temps. Donne-toi le temps de comprendre, de vivre et dis-toi que tu ne manqueras jamais de temps. L'expression « chaque chose en son temps » a tout son sens.

Quand les gens sont trop pressés, ils s'éparpillent. Ils gaspillent leur énergie. Il ne sert à rien de voir à la fois un thérapeute, un acupuncteur, de consulter une cartomancienne et de lire des livres de croissance personnelle. T'étourdir te fait perdre ton énergie et ton objectif.

Les gens sont impatients, ils vivent à 100 miles à l'heure comme s'ils allaient mourir demain. Calme-toi, tu as toute la vie devant toi.

Tu pourrais, par exemple, te dire qu'à partir d'aujourd'hui, tu t'engages à prendre le temps :

- de cuisiner, de manger sainement et de suivre un plan alimentaire
- de mastiquer et déguster
- de te nettoyer le visage matin et soir
- de dormir, de faire la sieste
- d'aller marcher une demi-heure tous les matins
- de prendre tes produits naturels à heures fixes
- de jouer à des jeux
- de te laisser dorloter (infrathérapie, bronzage, aquamassage)
- de te choisir de beaux vêtements et des bijoux
- de mettre de la crème chaque soir avant le coucher

Prendre soin de ton corps

Lorsqu'une maison est insalubre, que ce soit dû à de mauvaises habitudes ou par négligence, les déchets s'y accumulent, fermentent, pourrissent et les odeurs empestent le voisinage. Ton corps est ta maison. Il est possible qu'il soit propre, mais règle générale, c'est l'inverse que je constate chez la plupart des gens. De mauvaises habitudes et un mode de vie déséquilibré contribuent à transformer ton corps en poubelle.

Il arrive que, suite à des années d'ignorance et de négligence, ton corps soit encrassé. Il ne peut plus fonctionner adéquatement. La première étape à entreprendre dans un voyage vers la santé est la prise de conscience que cet état morbide est la conséquence directe de tes façons de penser, de sentir et d'agir. Tu es le seul à pouvoir inverser cette tendance.

Tout être humain qui se respecte a le devoir de veiller à maintenir son corps propre et pur. La propreté de ton corps ne concerne pas que ton enveloppe extérieure mais elle concerne également ton intérieur, en particulier tes principaux organes internes. L'un ne va pas sans l'autre.

Dans ta recherche d'accomplissement personnel, quand tu trouves une piste, suis-la, fais confiance.

Si tu viens me voir en consultation, c'est sûrement parce que tu as des choses à régler avec toi-même afin d'atteindre un équilibre qui te permettra d'être plus heureux. Tu cherches toi aussi des réponses et de toute évidence, tu n'y arrives pas seul. Quand je te dis ce qu'il faut faire pour y arriver, il faut écouter. Tu cherches un guide, tu le trouves, suis ses enseignements ! Il ne sert absolument à rien de faire des détours inutiles qui te feront perdre ton temps.

Tu as une question, je te donne la réponse. Ne cherche pas plus. Garde le cap. Ne te pose pas de questions inutiles et tu arriveras vite à des résultats. Plus vite tu comprendras ce que tu dois faire, plus vite tu atteindras tes objectifs. C'est si simple !

Que peut-il arriver de pire ?

Quand tu es envahi par la peur, il faut mettre en perspective la PIRE des situations qui pourraient arriver. En constatant que le PIRE n'est pas si terrible que cela, tu lâcheras prise et ainsi, le pire n'arrivera pas. Tu perds le contrôle et tu laisses la vie faire son travail. En nourrissant tes peurs, tu attires le pire. Il faut faire place à l'action plutôt que de laisser libre cours à l'angoisse et à la paranoïa.

Exemple : Une femme a trompé son mari et a peur de lui avouer. Le problème, c'est qu'elle fait de l'insomnie par crainte qu'il le découvre et décide de mettre fin à leur relation. La solution serait de tout lui avouer. Le PIRE qui pourrait arriver est, qu'effectivement, il décide de mettre un terme à leur relation. Toutefois, si elle ne lui dit pas, elle met l'emphase sur sa peur et fait en sorte qu'il le découvrira un jour ou l'autre. Donc, le PIRE va arriver de toute façon. Cependant, en lâchant prise et en considérant toujours que le PIRE va se produire, tout en assumant la bévue prétendument irréparable, un résultat positif est indéniablement prévisible. On entend beaucoup parler du positivisme depuis un certain temps mais, étrangement, plus les gens sont censés être positifs et plus je constate qu'ils sont atteints de surpoids, de maladies et qu'ils ont des problèmes de comportement. Alors, peut-être qu'il est temps de réaliser que cette méthode ne fonctionne pas ! La méthode du « que peut-il arriver de pire ? » est plus facile à appliquer et, avec un peu de pratique, vous serez étonnés des résultats que vous obtiendrez!

Garder le cap sur nos objectifs

Repousse les excuses, la honte, la peur, freine les tourments de ta vie quotidienne et ne garde pour objectif que la lumière qui est au bout du tunnel. Ce tunnel ne fait que diminuer de plus en plus. Fais place à la persévérance, garde confiance en toi et la fierté que tu ressentiras n'en sera que plus grande.

Le corps est une somme d'émotions. Il est ton moyen de communication

Imagine que ton corps est une maison où habitent de nombreux petits bonhommes (les émotions). Ils sont sages et calmes mais toujours prêts à réagir au gré des situations que tu vis. Si tu ne les laisses pas réagir, ils ont tendance à se fâcher et à utiliser une partie de ton corps pour démontrer leur mécontentement, comme s'ils voulaient te communiquer un message. Ils se servent de ton corps comme moyen de communication. Si tu as vécu un conflit ou que tu as ressenti du regret, de la peine, de la colère, de la rancune, de l'amertume et que tu n'as pas exprimé ces émotions au moment où elles se sont manifestées, les petits bonhommes pourraient bien utiliser ton foie, ton coude, tes genoux, tes yeux, tes oreilles, ta bouche, ta peau, bref n'importe quelle partie de ton corps pour te dire : « Hé ! Tu ne nous écoutes pas.» Des comportements d'insécurité, d'angoisse, de manque de confiance, peuvent alors s'instaurer et favoriser le développement de la maladie.

Si tu ne comprends pas le message qu'ils t'envoient en prenant un antibiotique, ils s'endormiront temporairement et parleront moins fort. Peu importe ce que tu feras ou prendras, le mal ou le malaise sera encore présent dans ton corps.

Voici un exemple :

Tu es au travail et un collègue te fait un commentaire désobligeant qui te blesse. Aux yeux des autres, il peut paraître banal, mais il t'atteint profondément et fait battre ton cœur. C'est alors que les petits bonhommes se réveillent et veulent réagir. Tu ressens une envie soudaine de pleurer, de crier, de riposter, mais tu le retiens car ce comportement n'est pas convenable aux yeux des autres et cela risque de te faire avoir des ennuis.

L'émotion est donc refoulée et le petit bonhomme intérieur s'affole n'ayant pu s'exprimer. Si tu refoules cette émotion, tu ne pourras pas comprendre pourquoi ce commentaire t'a touché à ce point. Peut-être que cette émotion a déjà été vécue auparavant et qu'elle refait surface pour être comprise ?

Si tu ne comprends pas le message que ce petit bonhomme essaie de te faire parvenir, ou si tu lui mets un bâillon pour le faire taire, n'oublie pas qu'un jour, il le retirera et qu'il se fera entendre encore plus fort car le malaise est encore présent dans ton corps. Et peut-être qu'alors les conséquences seront plus néfastes.

N'oublie jamais que tu es le seul responsable de la gestion de ta maison et de tes petits bonhommes. Les gens autour n'y sont pour rien. Ils ne sont que des aides, des éléments déclencheurs.

Tes émotions peuvent aussi se manifester dans tes rêves ou créer de l'insomnie. Elles peuvent te réveiller, selon l'heure de l'organe affecté, pour te signifier le conflit et, en dernier recours, elles peuvent agir sur les choses matérielles comme une voiture, une radio, une source lumineuse ou une maison. Il serait donc plus sage d'écouter les messages que la vie t'envoie. Tous ces signes n'ont qu'un seul but : te faire évoluer, te faire comprendre et te libérer.

Heure de réveil	Viscère responsable
Entre 3 h et 5 h	Poumon
Entre 5 h et 7 h	Gros intestin
Entre 7 h et 9 h	Estomac
Entre 9 h et 11 h	Rate / Pancréas
Entre 11 h et 13 h	Cœur
Entre 13 h et 15 h	Intestin grêle
Entre 15 h et 17 h	Vessie
Entre 17 h et 19 h	Reins
Entre 19 h et 21 h	Enveloppe du cœur
Entre 21 h et 23 h	Triple réchauffeur
Entre 23 h et 1 h	Vésicule biliaire
Entre 1 h et 3 h	Foie

La solution consiste à vivre l'émotion au moment où elle se présente. Il faut pleurer, rire, vomir, crier, mordre, courir, marcher, sauter, sans se soucier de la réaction des autres. Tu te sentiras bien mieux, libéré. Si tu crains la réaction des gens autour de toi et que leur jugement te touche encore plus, trouve un endroit où tu seras seul et agis.

Tu dois être seul à habiter ton corps et avoir le contrôle sur tes émotions (petits bonhommes). Ne les laisse pas prendre le dessus sur toi !

Prends le contrôle et la maîtrise de ta vie dès MAINTENANT.

- Accepte-toi tel que tu es.
- Fais l'effort de te connaître.
- Reste toi-même.
- Respecte l'humain en toi.
- Prends garde à toi, résiste et persiste.
- Garde confiance.
- Agis afin de pas être dépendant des autres.
- Que ton ambition soit grande et noble.
- Choisis de demeurer un humain riche de ta personnalité unique.
- Respecte et garde l'enfant qui est en toi.
- Tes actes t'appartiennent et te suivent : ne te renie jamais.
- Décide par toi-même sinon d'autres décideront pour toi.
- Il te faut comprendre le monde.
- Engage-toi avec passion.
- Chasse tes peurs.
- Acquiert la maîtrise de ton corps.
- Va jusqu'au bout de toi-même.
- Bâtis aujourd'hui les fondations de ton avenir.
- Sois confiant : la mort ne gagne jamais (Martin Gray).
- La peur c'est la mort, l'amour c'est la vie.

Charité bien ordonnée commence par soi-même. Tu as des difficultés à mettre ces principes en pratique ? C'est que le sentiment de culpabilité qu'on t'a inculqué dès ta plus tendre enfance est plus fort que celui de te respecter. T'occuper de toi avant de t'occuper des autres n'est pas égoïste. C'est la base fondamentale de l'amour de soi.

Ton corps est comme ta maison ou ta voiture

Maison

Le pignon de la maison représente le niveau spirituel, le premier étage, les émotions, et le sous-sol, le physique. Ton corps res- semble à une maison. Il y a des petites maisons (corps minces), des blocs appartements (corps en surpoids) et des édifices (corps obèses). Parfois, il y a trop de gens dans ta maison. Il faut ab-solument choisir entre ceux qui peuvent rester et ceux qui doivent sortir de ta maison, sinon ce sera la cohue pour ses habitants. Tu dois mettre de l'ordre dans tout cela.

Auto

Le conducteur c'est ta tête, le moteur c'est ton cœur, la carrosserie, ton corps, les émotions, le carburant. Ton corps peut être une Porsche décapotable de l'année, une Ford 1960 ou une Caravane Chrysler, cela dépend de toi.

Tu es prêt à débourser de fortes sommes pour obtenir la voiture ou la maison de tes rêves et voir à leur entretien. Souvent, il en va tout autrement pour ton corps. Trop souvent, tu ne prends pas assez soin de ton enveloppe corporelle. Il faut entretenir et rénover ton corps comme tu le fais pour ta voiture ou ta maison. Tu penses à rafraîchir la décoration, à faire changer la toiture ou la fenestration de ta maison quand il le faut, à faire la vidange d'huile de ta voiture régulièrement, à la laver et à la cirer. Pourquoi alors ne pas porter la même attention à ton corps ?

Prends d'abord le temps de t'arrêter et de constater l'état actuel de ton corps. Ton corps ressemble-t-il à une vieille maison ou à une superbe résidence ? A-t-il l'apparence d'une voiture de luxe ou d'un vieux tacot ? Viens-tu de faire une constatation quelque peu déprimante ? Sais-tu pourquoi les gens sont de moins en moins fiers de leur corps ? C'est parce que, toute leur vie, ils ont entendu dire que de trop s'occuper de soi était égoïste et superficiel ! En fait, tu dois être fier de ton corps et le respecter. C'est la règle d'OR.

Ne laisse pas entrer plusieurs passagers dans ta voiture. Tu dois les faire sortir car cela a une influence négative.
Ton corps est ton véhicule et tu dois en être le seul conducteur afin de savoir où tu vas. De cette façon, tu éviteras que les autres te disent quoi que ce soit qui t'éloignerait de ta route !

Toutes sortes d'excuses se bousculent dans ta tête pour t'éloigner de ton idéal de bien-être.

- Je suis trop âgé.
- Je vais essayer, mais, je ne peux rien garantir.
- C'est difficile et c'est long.
- Je suis fait comme ça.
- J'ai de gros os et une forte corpulence.
- Je n'ai pas le temps.
- Je n'ai pas d'argent.
- Ça n'a jamais marché.
- Je souhaite tant mais…
- Qu'est-ce que mon entourage en pensera ?

En vérité, il s'agit très souvent d'un manque de volonté et de motivation. Tu manges tout ce qui te passe sous le nez, tu ne fais pas suffisamment d'activités physiques, tu ne prends pas de soleil parce que tu as peur du cancer et quoi d'autre ? Il faut penser au bien-être de ton corps au moins une fois par jour tout comme tu le ferais pour ta voiture ou ta maison.

Il ne te sert à rien d'aller vers les extrêmes en t'entraînant six fois par semaine et en allant au salon de bronzage de façon exagérée ni même de suivre des diètes restrictives à l'année longue.

Pourquoi y a-t-il des personnes de 80 ans qui ont l'air d'en avoir 50 et d'autres de 50 ans qui ont l'air d'en avoir 80 ? En fait, cela dépend de l'investissement (pas seulement financier) qu'elles ont mis sur leur corps. Celles qui ont conservé une apparence plus jeune se donnent certainement beaucoup d'amour. Au lieu de les envier, commence à investir dès maintenant.

Le premier pas vers la réussite est la volonté. Repousse tes ennemis les excuses et cesse de te plaindre. Ton corps ne changera pas tout seul, il faut passer à l'action. Reviens sur terre ! Tu dois faire des efforts pour obtenir les choses que tu demandes et sur lesquelles tu as du pouvoir. «Demande et reçois» signifie que le courant se manifestera pour faire arriver physiquement ce que tu demandes. Mais agis et tu obtiendras des choses par toi-même.

Les placards

As-tu déjà pris le temps de te regarder dans le miroir et de faire le constat de ce que tu y vois ?

Pas le matin lorsque tu es dans une course folle, mais bien à un moment où tu peux prendre le temps de constater que tu as caché quelques émotions dans tes placards intérieurs et qu'ils commencent à être pleins.

Je te suggère de faire l'entretien de tes placards régulièrement. Nous sommes tous d'accord que, lorsque la porte d'un placard est fermée, rien n'y paraît. En fait, les gens autour ne voient que la porte et ne savent pas ce qui s'y cache. Qu'est-ce qui est vraiment important ? Est-ce ce que les gens peuvent voir ou ce que tu ressens à endurer tes placards qui débordent ? Les étagères encombrées, c'est toi qui les supportes et personne d'autre.

Certaines personnes frapperont à ta porte lorsque tu seras occupé à faire ton ménage. Ils constateront que c'est bordélique et pourront te juger. Mais n'oublie pas que tu le fais pour toi avant tout. Prends le temps dont tu as besoin et dis à ces personnes de revenir plus tard. Lorsque tu envies une autre personne parce que sa « maison » est plus grande et plus belle que la tienne, rappelle-toi que ce que tu vois n'est que la porte de ses placards. L'intérieur de ses placards est peut-être très poussiéreux et encombré mais les portes sont joliment peintes.

Rares sont les personnes qui invitent le voisinage à venir visiter leurs placards. Prends le temps de ranger tes émotions au fur et à mesure. N'accumule pas comme tu le ferais avec les placards de ta maison. Planifie un face-à-face avec toi-même, sans honte ni peur du jugement.

Prends une grande respiration et ouvre la porte. Imagine le bonheur et la liberté que tu ressentiras lorsque tous tes placards seront rangés à nouveau et les portes refermées.

Devenez ce que vous avez toujours voulu être...

Papillon

→

- Santé (physique et mentale)
- Beauté
- Argent
- Amour
- Bonheur
- Totalement responsable et autonome

↑

Chenille

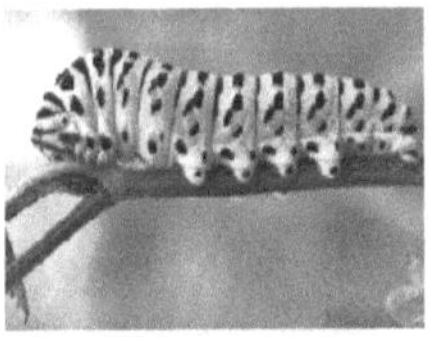

→

- N'est pas malheureux, mais n'a pas encore atteint le parfait bonheur
- Vit sa vie la grande majorité du temps avec sa raison plutôt qu'avec son cœur...
- N'a pas de maladies graves, mais ne peut se vanter d'avoir une santé très forte
- Est capable de survenir à ses besoins, mais désire avoir plus d'argent

↑

Larve

→

- Malade
- Surplus de poids
- Difficultés financières
- Besoin des autres pour vivre
- Ne se respecte pas
- Malheureux

« Le temps a pris pour les humains une importance démesurée. Écoutez-les parler et vous entendrez revenir les mêmes phrases: je n'ai pas le temps... combien de temps ça me prendra ?... je veux gagner du temps... Eh bien, dans la vie spirituelle, il ne faut pas se préoccuper du temps. Si vous vous fixez des délais pour triompher d'un de vos défauts, pour obtenir tel pouvoir psychique ou telle révélation intérieure, vous ne réussirez qu' à vous crisper et votre développement ne se fera pas harmonieusement. Vous devez travailler à vous perfectionner sans vous fixer aucun délai, en sachant que vous avez l' éternité devant vous et qu'un jour, nécessairement, vous arriverez à atteindre cette perfection que vous désirez. Vous devez vous arrêter seulement sur la beauté du travail que vous avez entrepris en vous disant : « Puisque c'est tellement beau, je ne me préoccupe pas de savoir s'il me faut des siècles ou des millénaires pour y arriver: je travaille, c'est tout. »

Omraam Mikhaël Aïvanhov

L'équilibre entre la tête et le corps

Lorsque je rencontre une personne pour la première fois, je perçois deux parties distinctes : Une tête (le visage) et un corps !

La tête se rapporte aux parents. Elle est le reflet de tes croyances et de tout ce qu'on t'a inculqué. Elle est reliée à la raison, aux obligations.

Le corps est le reflet de ton enfant intérieur.

Pour certaines rares personnes, l'harmonie est perceptible. Mais pour d'autres, on a un peu l'impression que la tête et le corps n'appartiennent pas à la même personne. On voudrait pouvoir dévisser la tête pour la placer sur un autre corps tellement les deux parties sont discordantes.

Un jour, un homme est venu me rencontrer. Il y avait une nette coupure entre sa tête et son corps. Il n'était pas beau. Le dessus de sa tête était chauve et les quelques poils restants étaient répartis sur les côtés de sa tête. Il avait un peu l'apparence du professeur Tournesol. À regarder son visage, je lui donnais environ 65 ans. Une chose étrange, son corps ne reflétait pas du tout cet âge. Il avait un corps d'adolescent de 15 ans. En fait, il en avait 40 !

Après avoir discuté avec lui, j'ai appris qu'il était toujours demeuré auprès de sa vieille mère pour en prendre soin. Il était le petit garçon à sa maman. Il n'avait pas pris son envol. Son corps reflétait la réalité d'un jeune garçon, encore sous les jupons de sa mère, dépendant et sans maturité sexuelle. Sa tête, quant à elle, était le reflet des obligations qui l'avaient poussé à ne jamais quitter sa mère pour en prendre soin. Il s'était oublié au profit du bien-être de sa mère envers qui il se sentait responsable.

Si tu n'agis pas, la vie peut être plus rapide que toi et t'obliger à écouter ton corps. Un jour, j'ai entendu l'histoire d'une femme qui avait une logique implacable qui l'empêchait de percevoir les messages que son corps lui envoyait. Cette femme était notamment une passionnée d'art culinaire. Elle aimait profiter de la vie au maximum à travers la bonne chair, la sexualité et les sports.

Elle poussait toujours ses limites et prenait les moyens pour arriver à ses fins. Un jour, elle subit une importante commotion cérébrale suite à un accident de voiture. Lorsqu'elle fut rétablie, elle réalisa qu'elle n'arrivait plus à se concentrer et ne pouvait plus, comme auparavant, se fier à sa logique. Ses seuls points de repère étaient maintenant les messages que son corps lui envoyait. Même après une longue année de convalescence, sa mémoire demeurait toujours affectée et elle avait encore de la difficulté à assumer ses propres besoins fondamentaux. Elle n'était plus en mesure de faire de simples calculs, elle qui, auparavant, travaillait dans le domaine de la comptabilité. Elle prit alors la décision de suivre le chemin de sa passion qui se traçait naturellement devant elle. Ainsi, au lieu de miser sur la logique et sur l'analyse, elle a écouté ses forces intérieures qui la guidaient vers ses intuitions. Aujourd'hui, elle est «coach culinaire» et suit toujours ce que son corps lui dicte. Ce malheureux accident lui aura permis, en fait, de continuer à gagner sa vie en faisant ce qu'elle aime : faire savourer les bonnes choses de la vie aux gens avec qui elle partage sa passion.

Regarde ton corps et examine ton visage dans un miroir. Qu'est- ce que tu perçois ? L'harmonie ou la zizanie ? Vois-tu un champ de bataille ? Voilà une excellente façon de savoir si ta tête et ton corps sont en équilibre ou en rivalité.

Les SPM et la ménopause

Plusieurs femmes me disent : « J'ai mes menstruations présente ment, je ne me supporte pas, j'ai mauvais caractère et je m'en fais pour un rien». Ces femmes se tapent dessus alors que cette poussée d'hormones n'est ni plus ni moins que leur véritable personnalité refoulée. Ces périodes sont très importantes pour les femmes car c'est l'occasion de porter davantage d'attention aux signes que leur corps leur envoie. Quand les femmes ont des gros maux de ventre ou des migraines durant ces périodes, c'est qu'elles se sont oubliées le reste du mois. Durant ces périodes, le corps des femmes et leurs émotions sont plus sensibles. Elles sont à fleur de peau. Voilà des moments propices pour ressentir leurs émotions et les accueillir plutôt que de se culpabiliser ! Les femmes devraient être heureuses et fières d'êtres sensibles et cela, à tous les jours du mois.

Cela s'applique également à la ménopause. Cette chère méno- pause qui revêt trop souvent le manteau de l'excuse, et quelle belle excuse ! En vérité, la ménopause est là pour faire comprendre à madame que le temps est venu de cesser de vouloir tout contrôler, qu'elle doit maintenant se faire face sinon elle perdra le contrôle de son corps d'où les bouffées de chaleur, les frustrations, le surpoids et tous les autres inconvénients qui y sont associés.

La femme en général joue souvent à la « superwoman » au cours de sa vie. Un jour, son corps lui signifie que c'est assez, qu'elle ne pourra pas continuer de tout contrôler ainsi. De très nombreuses femmes (80 % environ) qui sont atteintes de symptômes sévères reliés à la ménopause ont un côté masculin très développé causé par le désir de leurs parents d'avoir un garçon. Ces femmes doivent prendre conscience de leur féminité, l'assumer et s'en enorgueillir. La ménopause est le moyen que le corps utilise pour leur faire perdre le contrôle. Terminée la fuite, il faut faire face aux émotions ! C'est comme un « presto » qui veut exploser !

Attention, au risque de me répéter, ne mets pas la faute sur les hormones. Elles sont des amies déguisées en messagères.

Larves, chenilles et papillons

Il existe trois types de personnes : les larves, les chenilles et les papillons. Selon ton niveau d'évolution personnelle, tu appartiens nécessairement à l'une de ces catégories.

Les larves (embryons - bébés – dépendants)

Comment faire pour reconnaître une larve ? C'est simple ! C'est une personne qui affiche un surplus de poids ou qui est trop maigre. Elle n'a pas d'argent, n'est pas heureuse en amour, ou est célibataire. Elle est aux prises avec ses croyances et ses peurs, se plaint continuellement et est envieuse. Elle est frustrée, insatisfaite, colérique. Elle médit des autres mais gruge leur énergie et a besoin d'eux pour survivre.

Ses phrases préférées sont : «Je n'y peux rien», «ce n'est pas de ma faute», «je suis comme ça», «je suis comme mes parents», « je n'ai pas de chance», « j'ai tout essayé et rien ne fonctionne pour moi».

Elle se décharge de ses responsabilités et se déculpabilise en laissant le contrôle de sa vie entre les mains des autres, d'un dieu, de Jésus, de Bouddha, des anges, des guides, du karma, du destin, des astres ou des cartomanciennes. C'est un vampire, une victime ou une esclave. La larve est une personne qui n'a pas pris sa vie en main et qui a la maturité d'un enfant de sept ans.

Les chenilles (adolescents – s'en fout - délinquance)

Ce sont des gens qui disent : « Je vais essayer ». Ce sont ceux qui souhaitent, prient et espèrent. Ils sont déçus car cette prétendue confiance ne mène à rien. Ils essaient de prendre leur place, mais en sont incapables. Leur vie est un éternel recommencement. Ils sont en attente, et pour longtemps. Ce sont des personnes qui mutent et qui ne récoltent pas ce qu'ils ont semé. Ils ont une vie amoureuse banale, un salaire moyen, une santé correcte mais sans plus. Ils ne sont pas minces mais pas obèses non plus. Ils auraient la possibilité de devenir des papillons, mais n'ont pas la force, le courage ni le mode d'emploi pour passer à une autre étape de leur vie.

Les papillons (adultes - responsables et accomplis)

Le papillon est une personne mince, qui s'écoute et ne se préoccupe pas de personne. Elle a confiance en elle-même et sait comment réussir. Elle prône la liberté et est en amour comme au premier jour. Elle a un corps svelte, est en santé et vit dans l'abondance de concert avec ceux qui avancent droit dans la vie. Le papillon est un adulte autonome et responsable.

« L'obèse est une larve qui s'ignore. »

Joyce Mansour (extrait du livre collectif *L'Archibras*)

Attention aux apparences!!!

Laquelle choisiriez-vous?

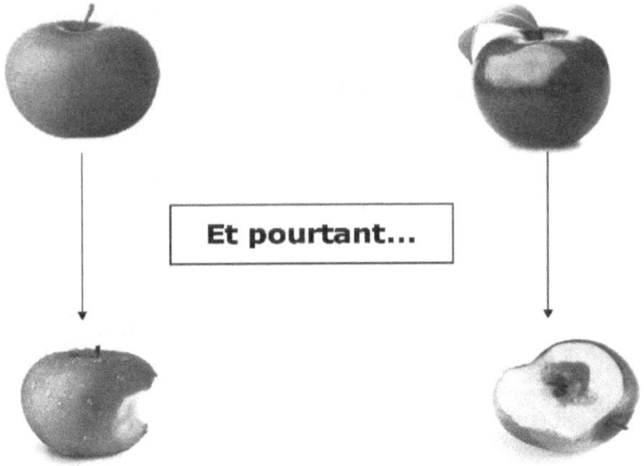

Le maquillage, l'exercice physique excessif et les régimes à temps plein ne sont que des « plasteurs »...

Chassez le naturel... et il revient au galop!

Le principe d'attraction

Pour attirer le positif, il y a trois étapes très importantes à franchir :

1. Voir et admettre ce qui est négatif dans ta vie.
Rien ne sert d'ignorer le négatif qu'il y a dans ta vie, car un jour où l'autre il prendra de l'ampleur. Le travail qu'il te faudra faire alors pour l'éliminer sera encore plus long et plus pénible.

2. Accepter et comprendre pourquoi il y a ce négatif dans ta vie.
Il faut d'abord trouver sa source et comprendre pourquoi il est dans ta vie.

3. Éliminer le négatif de ta vie.
Il est important d'éliminer le négatif afin de faire place au positif. Il faut voir chaque fin comme un nouveau commence- ment. Une porte se ferme afin qu'une seconde s'ouvre.

Partons du principe que ce que tu fuis te pourchasse et que le seul moyen de cesser cette poursuite, c'est de l'affronter ! En affrontant, en conscientisant le message que la vie tente de te faire comprendre, les modèles répétitifs s'interrompent pour faire place aux nouvelles expériences de vie. En faisant face au passé, à ce qui n'est pas réglé, tu accèdes enfin à ce que tu veux vivre. Tout doit être clair quand tu mets fin à une situation ou à une relation afin que tu puisses fermer définitivement cette porte. Il faut qu'elle soit vraiment fermée car si tu décides de fuir, la même porte s'ouvrira encore et encore au lieu de faire place à une nouvelle porte. Dès que tu n'es pas à l'aise de revoir quelqu'un, de retourner à un endroit, ou de parler d'une situation quelconque, c'est qu'il y a quelque chose qui n'est pas réglé.

Voici quelques exemples :
• Tu cours 10 km chaque matin. À ton retour à la maison, tu te prépares pour aller travailler, enfiles tes plus beaux vêtements, te parfumes, mais ne te laves pas. Il est certain qu'il arrivera un moment où l'odeur prendra

le dessus sur tes beaux vêtements et ton parfum. Et que dire de l'inconfort pour toi et pour ton entourage !

• Tu tentes d'amincir en te programmant positivement, mais tu ne fais rien pour libérer tes blocages émotifs.
• Tu souhaites rencontrer ton âme soeur, mais tu ne règles pas ton passé amoureux.
• Tu souhaites recevoir de l'argent, mais tu es incapable d'accepter un cadeau venant d'un ami.

Dans tous ces exemples, la première étape n'est pas complétée. Elle ne se fera pas tout seule. L'espoir ne suffit pas. Il ne faut pas croire en la magie, mais en TOI, en ton pouvoir d'admettre, de comprendre et d'éliminer.

C'est comme si tu étais au restaurant. Tu remets ta commande au serveur (la vie). Il t'importe peu de savoir comment ils s'y prendront pour préparer ton repas. Ce qui importe, c'est que tu le reçoives sans avoir à le préparer. Personne ne se lève en plein restaurant pour aller s'enquérir de la façon dont le cuisinier a préparé son repas. Alors, pourquoi essayer de comprendre comment la vie s'y prendra pour t'apporter ce que tu souhaites ? Laisse l'énergie d'attraction travailler d'elle-même. Tu fais ta demande en étant clair net et précis et ensuite tu passes à autre chose. Voilà, c'est tout ! La vie te le donnera à sa façon. Tu n'as pas de contrôle sur « le comment, le quand et le pourquoi ». C'est ainsi et il ne faut pas te poser de questions inutiles.

Es-tu vraiment toi-même au risque de déplaire ?

Oses-tu dire ce dont tu as envie quand cela te chante et peu importe ce qui t'entoure ? Est-ce que la gentillesse, la politesse, le respect, la diplomatie et même l'hypocrisie guident tes comportements afin de toujours bien paraître ? Est-ce que tu te demandes constamment ce qu'untel va penser ou dire de toi ? Est-ce que les commentaires des autres t'affectent, te dérangent ou t'obsèdent ? Est-ce que bien paraître est plus important qu'être toi-même ? Est-ce que tu tournes ta langue sept fois dans ta bouche avant de parler ?

Trop réfléchir nuit au message que tu as besoin d'exprimer. Il est plus libérateur de s'exprimer librement, en toute confiance, spontanément et sans faire d'effort. Parler, c'est s'exprimer, c'est manifester une émotion, c'est la verbaliser, la commenter, la personnaliser, c'est l'authentifier. Si tu la modifies, tu interromps le processus que ton corps a amorcé.

Si tu ajoutes à cela la culpabilité, le regret, la paranoïa et la peur, tu te flagelles ! Peux-tu imaginer ce que ton cœur et ton corps peuvent ressentir ? Il y a un problème, un trop plein qui devait sortir mais qui a été retenu. C'est ainsi que la maladie se fait ressentir. Ton corps et ton cœur s'allient pour tenter de te faire comprendre que tu dois t'écouter. Bien souvent, ce n'est que lorsque tu ressens de la douleur physique et que ton corps crie que tu prends le temps de t'arrêter pour te soucier de lui.

La gêne se dissout avec le mensonge, le rire, la fuite, le silence.

Tu préfères ne pas te choisir même si pour cela il te faut mentir, fuir ou te taire. Reprends confiance en toi et exprime ta personnalité ! Garde en tête qu'en t'assumant, les gens autour de toi en feront de même.

L'opinion des autres

Un nombre élevé de tes décisions est basé sur ce que les autres en pensent ou en penseront. Il y a en toi une peur du rejet excessivement présente et doulou- reuse qui te pousse à acheter la paix. L'omniprésence de cette peur te pousse à trahir ta véritable nature et se transforme en peur du jugement. Malheureusement, acheter la paix signifie souvent de tout garder à l'intérieur de toi. Cette accumulation dans ton corps se traduira tôt ou tard par un surplus de poids ou des malaises physiques.

Pour se fondre dans le moule de la conformité et des stéréotypes exigés par la société, tu avales et caches tes états d'âme, tes commentaires, tes frustrations, tes peurs, tes réactions et tes émotions. En adoptant ces comportements, tu oublies une chose très importante : tu es un être humain et tous les êtres humains fonctionnent de la même façon. Tu as un CŒUR et tu es en vie grâce à lui. Pourquoi ne pas le laisser libre de ses actions ? Sois fidèle à toi-même. Donne le meilleur des exemples à tes enfants. Laisse ton cœur guider tes décisions. Si tu te sens brimé, offensé, ridiculisé, oublié ou exploité, rebrousse chemin, tu n'es pas dans la bonne direction.

Le jugement des autres, l'argent ou la peur ne te donneront aucune force lorsque tu te retrouveras face à ta conscience. Bien des gens finissent par se croire eux-mêmes et ne comprennent pas pourquoi ils sont malades ou pourquoi leur ventre grossit à vue d'œil. Tôt ou tard, tu ressentiras de la rancune envers ces personnes à qui tu voulais tant plaire et à qui tu as accordé plus d'importance qu'à toi-même. Ta rancune ne sera pas envers elles mais bien envers toi-même.

Inévitablement, les personnes que tu aimes le plus subissent tes émotions refoulées, que ce soit ton conjoint ou tes enfants. Par amour pour toi, ils espèrent, du fond du cœur, qu'un jour tu te prioriseras.

« Vous devez croire en vous, même si vous êtes le seul à le penser. C'est ce qui fera de vous un gagnant ».

Venus Williams

Être un caméléon et porter des masques.

Le masque est une simulation, comme d'afficher un sourire alors que tu ressens de la peine. Au travail, tu portes le masque du leadership pour te démarquer, à la maison, celui de la soumission pour ne pas froisser, avec tes amis, celui de la perfection, avec ta mère, celui de la discrétion pour éviter ses commentaires ou ses réprimandes.

Le caméléon est une adaptation à outrance alors qu'il est préférable de t'adapter à toi-même. Personne ne devrait s'adapter à personne. Être un caméléon exige beaucoup d'énergie. Mais pourquoi être si exigeant envers toi-même ? Tu as peur de quoi ? Du rejet ? Cela te paraît plus simple de simuler ? Ainsi, tu n'as pas à rendre de compte à personne, tu préserves ton emploi et tu sauves ton mariage. Plutôt simpliste comme raisonnement ! Crois-tu qu'en jouant au caméléon, tu honores ta véritable personnalité ? Est-ce que cela en vaut la peine ? Est-ce que ta véritable personnalité te ferait perdre ton emploi ou tes amis ?

Dans la vie, personne ne souhaite avoir affaire à un imposteur. En serais-tu un ? Comment veux-tu que la vie comble tes besoins si tu les nies ? Tu joues le rôle de la personne parfaite qui n'est jamais fatiguée, qui n'a jamais besoin d'aide ni de parler et qui est en contrôle. Tu crois vraiment que cela peut durer encore longtemps ?

Ce que tu reçois en échange de tous ces efforts te rapporte-t-il suffisamment pour continuer à jouer au caméléon ? Cette énergie ne serait-elle pas plutôt perdue et gaspillée ? Ce que tu reçois comme gage d'amour ne vaut même pas le tiers de ce que tu pourrais recevoir en demeurant toi-même. T'octroyer le droit d'être toi-même te rendrait, en premier lieu, confiance et estime. Ce sont là deux besoins fondamentaux que toi seul peux combler.

N'oublie jamais que ta vraie nature peut se camoufler pendant un certain temps, mais qu'elle se fera entendre un jour ou l'autre. N'attends pas qu'elle se manifeste par des maux sur ton corps comme le cancer, le vieillissement prématuré, les accidents, voire même des pensées suicidaires. C'est une histoire banale mais courante. À travers l'exigence et la performance, tu cherches la perfection à l'extérieur de toi. Tu souris pour dissimuler ta tristesse. Tu prétends bien aller mais, à l'intérieur de toi, c'est l'inverse. Tu veux aider tout le monde et tu t'oublies.

« Quand vous avez 18 ans, vous vous inquiétez de ce que les autres pensent de vous ; à 40 ans, vous êtes complètement indifférent à l'opinion des autres ; et finalement, à 60 ans, vous vous rendez compte que personne ne se préoccupait de vous ! ».

Dr. Daniel Amen

Es-tu un super-héros ?

Es-tu de ceux qui portent l'habit de « Superman » ou de « Superwoman »?

• Pour ton entourage (amis – frères - sœurs)
Toujours là pour les autres, pour les encourager, les réconforter, les organiser, leur trouver des solutions, les materner, etc.

• Pour ton employeur
Toujours présent, disponible, performant, à l'écoute de tes collègues, organisateur, etc.

• Pour ton conjoint et tes enfants
Toujours en forme, de bonne humeur, qui exécute toutes les tâches ménagères (cuisine, ménage, lavage) en un temps record, qui est toujours à l'écoute et prêt à faire l'amour,
à jouer, etc.

Résultat : Tout le monde se fie sur toi. Tout le monde sait que tu es toujours là pour rendre service et pour tout faire. Ce qui te valorisait au début devient de plus en plus lourd, tes épaules se rabaissent, le manque de motivation te tourmente et devient néfaste. Un sentiment d'agressivité finit par t'emporter et la fatigue te rappelle que tu n'es pas un super-héros.

Le jour où tu flanches, les gens ne comprennent pas et se permettent même de te juger. Tu te retrouves seul et tous ceux qui se fiaient sur toi tombent à leur tour, désemparés et insécurisés, et ne peuvent pas t'aider. Ne donne pas toute ton énergie aux autres car lorsque tu en auras besoin, ils ne voudront ou ne pourront peut-être pas t'en donner. Une belle roue qui tourne et qui risque de t'étourdir.

Endurer, accumuler, patienter, sont les opposés de l'ÉQUILIBRE. La patience devient notre pire ennemi. Elle se transforme en cholestérol, en hypertension, en prise de poids, en perte de cheveux, en perte d'ongles, en baisse de la vue, en otite, etc.

N'oublie pas que la seule manière de rendre les gens heureux autour de toi, c'est de l'être toi-même. Quel beau modèle tu seras alors !

Le détachement

Estime de soi et confiance en soi sont les fondements de ton équilibre personnel et social. Il faut accepter tes propres limites et refuser de tout prendre sur tes épaules.

Lorsque tu aimes des personnes ou des choses précieuses, tu t'y attaches. Mais la vie tend à te faire perdre ce à quoi tu t'attaches. À l'opposé, ce dont tu te détaches s'accroche à toi.

Apprendre à t'aimer implique aussi de te recentrer, de faire la paix avec toi et de lâcher prise.

Si tu te sens malheureux, c'est que tu n'es pas réveillé. Tu marches comme un somnambule dans la vie et tu ne vois pas la réalité telle qu'elle est, mais à travers les filtres que sont tes peurs et tes illusions. Tu n'es pas libre mais attaché à toutes sortes de choses et de personnes que tu as peur de perdre. Cette peur ne t'apporte qu'angoisse et souffrance. Tu ne vis pas dans la réalité. Tes relations avec toi-même, avec les autres et avec le monde sont faussées par tes illusions qui proviennent du conditionnement auquel on t'a soumis. La seule façon d'avoir du plaisir avec tout est de ne s'attacher à rien.

À l'attachement, la souffrance et la déception, s'ajoutent la peur. Quand il y a attachement, il y a aussi la peur de ne pas pouvoir obtenir ou de perdre l'objet ou la personne désirée.

Il ne s'agit pas de s'abstenir de désirer, mais de savoir que la satisfaction d'un désir n'apporte pas le bonheur. L'attachement signifie que tu ne peux pas te passer de l'objet ou de la personne. Une attitude qui te mène directement à dépendre, à désirer, à t'accrocher, à posséder dans l'anxiété et la crainte de perdre.

Tu n'arriveras jamais à en finir avec aucun attachement si tu l'attaques de front, il ne fera que grandir et tu combattras davantage. Prends-le à la légère !

C'est le vide que tu portes en toi qui te fait craindre de perdre les personnes aimées. Mais ce vide ne se remplit qu'avec la réalité. Quand tu es dans la réalité, rien ni personne ne te manque. Tu te sens libre et rempli de bonheur, comme lesoiseaux. Lorsque tu t'accroches aux illusions, tu détruis la vie. Lorsque tu t'attaches à quoi que ce soit, tu cesses de vivre.

L'attachement se produit quand tu crois qu'il te faut obtenir le bonheur en le cherchant ailleurs qu'en toi. Cela t'incite à t'accrocher aux personnes qui, selon toi, te procurent le bonheur.

Il faut s'aimer pour prétendre aimer l'autre.

L'équilibre dans le couple

Le couple se compare à un oiseau dont les ailes sont l'homme et la femme. Dans son vol, l'oiseau préserve son équilibre grâce à sa queue.

De nos jours, on entend souvent dire que les couples ne durent plus. Au lieu de penser à vieillir ensemble, les partenaires n'hésitent pas à se remettre en question et à chercher une personne qui leur correspondrait davantage. Et c'est parfait ainsi. Les couples d'autrefois n'osaient pas se séparer et passaient souvent leur temps à se mépriser et à s'engueuler. Ce ne sont certes pas les enfants qui en ont bénéficié puisque, leurs parents étant malheureux, ils l'étaient tout autant.

Pour former un couple qui s'aimera pour toute la vie, il faut rencontrer la bonne personne. Il ne faut pas l'analyser, il faut la ressentir. Dès que tu la verras, tu te sentiras attiré par elle et tu sauras que c'est la personne de ta vie. Une personne qui sera à ta hauteur et pour qui tu seras, toi aussi, à la hauteur.

Trop de gens sont des dépendants affectifs et cherchent, à travers leur partenaire, à combler un vide existentiel. Pour plaire à l'autre, nombreux sont ceux qui commettent l'erreur de s'oublier et ils n'hésitent pas à mettre de côté leurs véritables besoins. Par peur de perdre l'être cher, tout comme la petite fille qui a peur de perdre son père ou le petit garçon de perdre sa mère, ils ne dévoileront pas leur véritable personnalité. Au début de la relation, tout va pour le mieux. Mais chassez le naturel et il reviendra au galop ! Le temps passera et, un jour, l'un et l'autre auront envie de s'affirmer et les confits éclateront. Au lieu de s'apprécier mutuellement, ce sera le besoin de changer l'autre qui prendra le dessus. Les attentes envers l'être aimé entraîneront de grandes déceptions. Après en avoir trop fait pour être aimé viendra la crainte de décevoir.

Tu connais sûrement un couple « mal assorti » ? L'homme est beau, viril et attirant alors que sa conjointe a l'air de sa tante ! Ou, au contraire, une belle femme équilibrée au bras d'un homme gros, bedonnant et sans envergure ! Ces couples sont le résultat d'un manque de confiance. Si tu ne te perçois pas positivement, tu iras vers les personnes que tu crois être à ta hauteur. C'est moins dangereux d'avoir un conjoint gros et laid que d'être au bras d'un homme que toutes les femmes convoitent. Tu ne risques pas de te le faire ravir et il a moins de chance de te tromper puisque les autres femmes n'en voudront pas.

Dépendre de quelqu'un pour être heureux est non seulement mauvais pour toi mais trompeur pour l'autre en plus d'être dangereux car tu recherches ce qui est contraire à la vie et à la réalité. Cela se terminera mal, fatalement. Non seulement tu souffriras comme un désespéré, mais tu seras le malheur de la personne que tu crois aimer.

Si tu fais porter ton bonheur ou ton malheur par autrui, tu vas à contre-courant de la vie qui, elle, ne dépend de personne. Le bonheur et la joie ne peuvent venir de l'extérieur puisqu'ils sont en toi.

On entend souvent dire que, pour être heureux et s'épanouir dans la vie, on doit aimer et être aimé. En fait, il est plus important d'aimer que d'être aimé. Aimer te laisse libre et indépendant, alors que le fait d'attendre l'amour des autres te place en situation de dépendance par rapport à eux, ce qui n'est pas bon pour ton équilibre affectif.

S'aimer est une nécessité. Être aimé et aimer les autres n'en sont pas.

Pour pouvoir vivre l'équilibre en couple, tu dois trouver le juste équilibre en toi-même d'abord.

Une relation amoureuse saine est composée de deux personnes uniques qui se respectent, s'accompagnent et s'encouragent sans toutefois vouloir changer l'autre. Nul ne doit agir comme un enfant à la recherche de ses parents ou comme un parent à la recherche de ses enfants. Il s'agit de deux adultes qui s'aiment comme ils sont et non pas comme ils voudraient qu'ils soient. Regarde ton conjoint ou ta conjointe, est-ce une copie de ton père ou de ta mère ?

En tant que couple, est-ce que vous êtes dans l'abondance ? Est-ce que vous avez des gens positifs et qui ont atteint le succès autour de vous ? Est-ce que tu vois plutôt que ton couple est entouré de gens négatifs qui se plaignent constamment ? Est-ce que la chicane fait partie de votre quotidien ? Si oui, je peux t'affirmer que 95 % des chicanes que vous vivez sont causés par les gens qui vous entourent : une belle-mère, une belle-sœur, un beau-frère, etc. Lorsque tu as épousé ta douce moitié, tu as aussi décidé de marier sa famille... Quel boulet ! Réfléchis au nombre de fois où vos chicanes de couple ont eu un lien direct avec les gens de votre environnement. Ceux qui prétendent ne jamais se chicaner à ce sujet achètent la paix et ce n'est guère mieux. Mieux vaut se chicaner, mettre les pendules à l'heure plutôt que d'accumuler des rancunes que ton corps ressentira un jour ou l'autre.

Les personnes doivent d'abord prendre soin d'elles-mêmes. Il ne faut pas se leurrer ou se donner pour excuse que notre conjoint nous aime pour notre coeur et prétendre que notre relation n'est pas basée sur le superficiel. Si ton souhait est d'évoluer avec une personne, de pouvoir explorer tous les plaisirs d'une vie de couple épanouie, tu dois d'abord t'aimer. Et, comme il est mentionné dans ce livre, t'aimer c'est te donner le choix d'avoir un corps dans lequel tu te sentiras bien. Un esprit sain dans un corps sain. Quand ton ménage personnel est fait, tu te donnes droit au meilleur et, par conséquent, tu es aimé pour ce que tu es vraiment. Quand debonnes bases seront établies chez les deux partenaires, vous vous mériterez alors mutuellement.

Dans une relation de couple équilibrée, chaque être évolue parallèlement pour atteindre le meilleur de lui-même et ce que la vie a à lui offrir. Alors, ne passe pas à côté des plus belles choses que la vie te présente. Le bien-être de chacun se répercutera sur la force de votre couple. Ensemble, vous pourrez gravir les plus belles montagnes et marcher sur les plus beaux chemins.

Sois sincère avec toi-même. Sois assez humble pour voir la réalité en face. Ne tombe pas dans le piège de la peur de perdre l'autre. N'attends pas d'être cocu pour rejeter la faute sur l'autre. Sois responsable et offre-toi le droit d'avoir le meilleur.

Tu es responsable à 100 % de tout ce qui constitue ta vie

Aussi cruel, impossible ou impensable que cela puisse paraître, quelque part, à l'intérieur de toi, tu veux vivre tout ce que tu vis. Sois assez franc pour te l'avouer. Par la suite, il te sera facile d'accepter les événements qui se présenteront dans ta vie et d'en modifier ta perception. Sache qu'il est plus facile de détruire que de construire et qu'il est plus long de construire que de détruire.

Les gens pensent aux séismes comme les tremblements de terre, aux événements qui touchent des nations entières comme la guerre, la mort, la pauvreté, la maladie infantile, la pollution, à toutes les cruautés comme le viol, en tant que fatalités contre lesquelles ils sont totalement impuissants. Il semble impossible en effet que des gens attirent ces malheurs. Ils ne le veulent certainement pas de façon consciente, mais, ils le veulent de façon inconsciente !

Imaginons que l'inconscience est ton petit diable et que la conscience est ton ange. Tout ce que tu ne veux pas t'avouer, tes besoins réels en tant qu'individu, se cache dans ton inconscience.

Tu es responsable à 100 % de tes actes, de tes paroles, de tes pensées, de tes émotions, de ce qui t'arrive, de ce que tu vis et de la façon dont tu le vis. De ce fait, tu n'es absolument pas responsable de ce que les autres peuvent dire, penser, ressentir ou faire.

Plusieurs personnes cherchent un coupable dans leur passé. Tu n'es pas responsable de ce qu'on t'a fait mais tu es responsable de ce que tu en as fait! En d'autres mots, le passé est passé. Personne au monde ne peut le changer. De toute évidence, il faut cesser d'y chercher des solutions. Cela n'a pour effet que de brasser les émotions et ne te fait pas avancer. Lorsque j'ai un client qui est vraiment aux prises avec son passé, je l'en fais sortir au plus vite. Parfois, il n'est même pas conscient de cet état d'esprit qui lui est néfaste.

C'est comme remuer l'eau d'un aquarium sans le nettoyer, les saletés retombent.

Imagine, par exemple, une personne qui se fait du souci pour toi car tu es en retard. Elle pense que tu as peut-être été victime d'un accident et décide d'appeler la police. De ton côté, tu te sens coupable de la voir dans cet état. Désolée, mais ce n'est pas ton problème si elle s'énerve ainsi. C'est à elle de changer ses émotions, ses pensées et ses actes. Tu dois faire la part des choses dans la vie entre ce qui t'appartient et ce qui ne t'appartient pas.

Connais-tu des gens qui croient aux anges, aux guides, au karma, au destin, aux astres, aux cartomanciennes, etc ? Souvent, ce sont des victimes qui croient qu'ils n'y peuvent rien, qu'ils sont faits comme ça, que rien ne peut changer, que c'est la vie. Ils envoient tout ça dans l'univers pour se déculpabiliser. Mais, est-ce vraiment l'univers qui nous contrôle ?

« Le meilleur moyen de prédire l'avenir c'est de le créer. »

Peter F. Drucker

Convictions inconscientes

Si tu es une personne en surpoids et que tu désires amincir de manière permanente, il est important de mettre à jour tes convictions inconscientes qui peuvent te confiner dans cet état. Si tu ne prends pas conscience de ces convictions, l'inconscient continuera de guider tes actions pour faire en sorte qu'il te soit impossible de rester mince, pour saboter ta perte de poids et offrir une résistance à tout ce qui pourrait t'aider à diminuer de poids comme l'implantation d'habitudes saines. Tu seras, par conséquent, à la recherche incessante d'une méthode miraculeuse.

Voici quelques convictions que mes clients et clientes ont révélées au cours de leurs séances :

• Être grosse me protège d'un certain type d'homme. Être mince signifie être sexuellement désirable et cela me fait peur.
• Être gros me protège de certaines maladies alors qu'être mince m'y expose.
• Être mince, c'est devenir une proie sexuelle.
• Être gros c'est se protéger, être mince c'est se dévoiler.
• Je ne vaux rien, je suis moche et je dois me punir en mangeant excessivement.
• J'ai peur que l'on m'abandonne, qu'on m'oublie, en étant gros, je prends de la place.

Grâce à ces prises de conscience, ces personnes ont pu amincir de façon durable. Il y a des comportements saboteurs qui empêchent d'amincir.

En voici quelques-uns :

• Te peser constamment.
• Faire une fixation sur ton gros ventre.
• Calculer l'investissement monétaire que tu fais sur ton corps comme les produits favorisant l'amincissement et les entraînements.
• T'imposer un délai pour atteindre ton objectif.
• Comparer ton corps à celui des autres.
• Envier les autres.
• Être impatient d'obtenir des résultats.
• Avoir peur :

o d'être trop bien.
o d'être trop maigre. o d'être malade.
o d'avoir une belle apparence et de ne pas savoir accepter les compliments.
o de plaire.
o d'être obligé de vivre dans la privation. o de manquer de quoi que ce soit.
o de ne pas savoir comment réagir face à tes émotions et reprendre le poids éliminé.
o de faire ça pour rien.

L'inquiétude, la peur

L'inquiétude peut te faire vivre un véritable cauchemar. Tu as des malaises physiques, tu dors mal, tu te ronges les ongles, tu fumes, tu as des problèmes de comportements tels que la jalousie, la rancune, la colère, la frustration, la tristesse et j'en passe.

Si tu souffres d'inquiétude et de peur chronique, c'est que tu as besoin d'être approuvé dans tes choix et tes décisions par des personnes que tu crois supérieures à toi et à qui tu donnes le contrôle comme lorsque tu étais enfant.

- Tes parents
- Tes professeurs
- Tes dirigeants au travail
- Tes amis (classe sociale)
- Ton banquier
- Ton médecin
- Ton copain

Plus tu as besoin d'être approuvé, plus tu donnes le contrôle aux autres et plus tu dépends d'eux.

- Tu crains constamment le jugement des autres.
- Tu penses que l'on parle de toi.
- Tu veux toujours bien faire (pas pour toi, mais pour les autres).
- Tu dis toujours OUI.
- Tu ne veux pas froisser quelqu'un en disant NON.
- Tu défends la position d'une autre personne.
- Tu t'excuses quand quelqu'un t'accroche, alors que c'est toi qui devrait recevoir les excuses.
- Tu fais passer le bonheur des autres avant le tien.
- Tu souhaites faire plaisir à tout le monde.
- Tu prends soin des autres et il ne te reste plus d'énergie pour toi.
- Tu acceptes beaucoup d'injustices à ton égard pour ne pas causer de tracas.

Ces attitudes te blessent profondément et ta vie n'est plus sous ton contrôle. Retiens bien ceci : Si tu veux te débarrasser du pouvoir de destruction, tu dois changer ton attitude.

La spiritualité

La spiritualité consiste à voir les choses telles qu'elles sont et non à travers des verres teintés. Elle doit naître de toi-même. Plus tu seras toi-même, libéré de la programmation, plus ta vie sera spirituelle.

Tu vis ta spiritualité quand tu n'es pas à la merci d'aucun événement, d'aucune chose, d'aucune personne. Quand, au contraire, tout cela t'affecte intérieurement, tu ne peux que réagir et c'est la preuve que tu es dirigé par les paroles et les actes des autres et non par toi-même. L'homme spirituel, et donc libre, n'est pas en compétition avec personne car il aime chacun tel qu'il est. Le besoin de dominer les autres provoque de l'anxiété et de l'inquiétude. Quand tu comprends que tu n'as rien d'autre à faire, tu laisses tomber tes illusions et tu manifestes librement ce que tu ressens et ce que tu es.

Nous sommes tous des êtres spirituels. Nous n'avons pas à nous acharner pour le devenir. Il faut plutôt travailler sur la matière, le corps car nous sommes des êtres spirituels qui sommes venus sur terre pour expérimenter la matière. Une véritable personne spirituelle a un grand respect et de la fierté envers son corps qui est svelte et en santé. Elle s'aime et est donc capable d'aimer et de se laisser aimer. Elle est dans l'abondance autant au niveau monétaire que dans les autres aspects de sa vie.

Les défunts

On se demande souvent où sont les personnes décédées que nous aimions. Sont-elles simplement passées de l'autre coté? Les gens décédés ne peuvent pas t'aider mais toi, en tant que vivant, tu peux les aider. Comment ? Tout simplement en étant heureux et en les oubliant. Tu dois les laisser tranquilles et respecter leur choix d'avoir quitté le plan terrestre.

Notre crainte face aux esprits nous a souvent été inculquée par les films d'horreur. En fait, les esprits sont semblables à nous sauf qu'ils n'ont plus de corps physique. Selon moi, le film « Mon fantôme d'amour » se rapproche davantage de la réalité que tous les films d'horreur qu'on a pu projeter ! Lorsque tu es ailleurs, dans ta tête, tu laisses la place libre aux esprits qui prennent le contrôle de ton corps.

Voici un exemple : Une amie t'appelle et te demande de l'accompagner à un souper où il y aura plusieurs personnes dont tu apprécies la présence. Après le souper, il y aura un feu de camp et ce sera amusant. Ton copain, quant à lui, te demande de rester à la maison pour visionner un film. Tu as un choix à faire qui te tiraille. Si tu choisis de rester avec ton copain mais que tu ne cesses de penser à tes amis, au souper qu'ils partagent et au plaisir d'être autour du feu avec eux, tu n'habites plus ton corps. C'est à ce moment que tu perds le contrôle et que les esprits peuvent faire ce qu'ils veulent. Tu pourrais par exemple aller répondre au téléphone et être incapable de dire sur le moment à qui tu parlais lorsque ton copain te le demande ! Tu n'es plus vraiment là. À peu près 95 % des gens fonctionnent ainsi. Ils font quelque chose, mais leur esprit est ailleurs. Il est grand temps de reprendre le contrôle sur ton corps, ton véhicule.

La première chose à faire pour toi qui est vivant, est de les laisser tranquilles. Tout le monde a le choix dans la vie et tu n'as pas à te sentir coupable de ne pas être intervenu. Chacun est maître de sa vie. Souvent, les gens ont tendance à penser aux personnes décédées alors qu'ils sont tristes et que tout va mal ou pour les remercier d'avoir répondu positivement à leurs demandes. Cesse de les déranger et fais ta vie. Elles ne peuvent rien pour toi. La seule chose qu'elles veulent vraiment c'est que tu les oublies et que tu sois en paix avec toi-même. Et pour les oublier, il faut être occupé à faire ce que tu aimes.

Rester sur terre

Il y a des gens à qui il arrive toujours des désastres : séparation, maladie, deuil, accident, dégât d'eau et j'en passe ! En fait, ces gens sont trop «dans leur tête» ! Ils volent, ils sont aériens. La vie s'occupe de les ramener sur terre en leur transmettant des chocs pour leur dire : Bienvenue sur terre! Par exemple, tu es au volant de ta voiture et tu te fais klaxonner. Ne te mets pas en colère, mais réalise plutôt que tu dois revenir sur terre. Tu devrais remercier celui qui te ramène ainsi dans la réalité. Qui sait, il t'a peut-être fait éviter un gros accident de voiture ? La vie fera toujours en sorte de te ramener les deux pieds sur terre, autant s'y faire !

Le deuil

L'insomnie, les malaises physiques et le manque d'énergie sont souvent les signes d'un deuil qui n'a pas été fait. Quand tu es frustré, en colère ou triste, tu nourris les esprits des personnes décédées qui ont besoin d'énergie pour rester à tes côtés. La personne décédée qui ne part pas a un problème auquel elle n'a pas voulu faire face alors qu'elle était encore en vie. Elle a pensé que la solution à son problème était de fuir la vie en prenant un raccourci comme le suicide.

Il n'y a pas vraiment de norme quant au temps nécessaire pour vivre un deuil. Certains disent qu'en moyenne, il faut un an mais je connais des gens qui sont en deuil depuis 30 ans et d'autres qui ont traversé cette étape en une seule journée. Soit la personne focalise sur son deuil et perd son temps soit elle passe immédiatement à autre chose parce qu'elle comprend qu'elle ne peut rien y changer. Il faut simplement l'accepter et continuer à vivre.

Par ailleurs, il est normal de vivre un deuil lorsque tu optes pour une vie nouvelle et positive. Il est important de laisser le négatif derrière toi. Il est possible que tu ressentes de la peur. Il s'agit de l'inconnu. Ne t'en fais pas, profite du moment présent et de belles choses se présenteront à toi.

Amuses-toi au lieu de ruminer le passé et de déranger les morts !

« Vous êtes habités par des pensées, des sentiments, des désirs... certaines personnes ou certaines choses vous attirent, tandis que d'autres vous repoussent... Vous croyez que c'est toujours vous qui vous exprimez ou agissez librement ? Non, même si vous avez quelques difficultés à l'admettre, en réalité ces pensées, ces sentiments, ces comportements sont souvent les manifestations de parents morts qui viennent momentanément élire domicile en vous. Ce sont eux qui à travers vous réagissent, réclament, protestent. La Science initiatique les appelle les esprits familiaux. Pourquoi est-il si difficile parfois d'expliquer le comportement de certaines personnes ? Parce qu'on ne tient pas suffisamment compte du fait qu'un être humain est la somme de toutes les créatures qu'il porte en lui et dont il ignore le plus souvent qui elles sont et ce qu'elles veulent réaliser à travers lui.»

Omraam Mikhaël Aïvanhov

Des gens heureux et malheureux

Il y a des gens qui dérangent parce qu'ils sont vraiment heureux (environ 5 % de la population). Ils savent où ils vont dans la vie et n'ont donc pas besoin des autres. Les gens autour d'eux les acceptent car ils dégagent une énergie qu'ils envient ou, étrangement, au contraire, ils les rejettent.

Il y a d'autres gens qui dérangent parce qu'ils sont malheureux. Leur entourage ne se contentera pas seulement de les juger, mais ils les fuiront ou, au contraire, ils les garderont près d'eux car ils se sentiront valorisés de les aider et d'apporter quelque chose dans leur vie.

Tu rencontres parfois des gens qui semblent heureux et toujours de bonne humeur alors qu'en vérité, ils sont atteints d'une maladie grave. Tu es étonné d'apprendre qu'une personne qui te semblait heureuse se soit suicidée. En fait, ces personnes ne font pas face à leurs « bibittes », elles les fuient. Ces mêmes « bibittes » devraient être des alliées. Grâce à elles, des alarmes sonnent pour t'amener à travailler sur toi. C'est la raison pour laquelle il est important d'accepter de te faire dire tes vérités. Que la machine humaine est merveilleuse ! Sois en conscient. Tu as entre les mains la meilleure machine au monde qui carbure aux émotions, qui réagit avec le corps et qui est synchronisée avec la VIE.

Ne sois pas ta propre victime. Honore qui tu es et les plus beaux chemins se dessineront à tes pieds.

Tu dois prendre le temps de nettoyer tes saletés. Prends le temps de te rafraîchir, de te donner un second souffle, une seconde vie. Jette dehors les vieux déchets et fais place au renouveau.

Le pardon

Si les faiblesses des autres t'incommodent autant, c'est que, précisément, elles te rappellent les tiennes. En reconnaissant tes limites, celles des autres ne te gêneront plus. Il n'y a pas d'enfant ni d'homme qui soit fondamentalement mauvais. Il y a des gens dans l'erreur, mal programmés ou fous.

Voici un exemple : Un client m'a avoué un jour avoir envie de tuer sa mère. Un autre m'a dit qu'il avait hâte que son père meure pour ainsi pouvoir payer sa maison avec les assurances. Un autre avait envie d'étouffer son enfant qui l'énervait. Un autre encore rêvait de faire l'amour avec son chien. Un homme m'a avoué qu'il s'était imaginé sauter au visage de sa voisine et de l'avoir battue. Pour chacune de ces personnes, le seul fait d'avoir exprimé ces pensées honteuses ou inavouables a fait disparaître en eux une pression énorme pour faire place à la sérénité. Dire les choses telles qu'elles sont, comme on les pense est une thérapie miraculeuse. La peur du jugement est telle que peu de gens osent parler. Ces paroles refoulées peuvent mener à la drogue, à la dépression et même jusqu'au suicide. Et pourtant, ce ne sont que des mots. Ce n'est pas criminel que de dire les choses comme on les ressent. Toi, peux-tu vraiment affirmer, en toute franchise, n'avoir jamais eu de pensées que la majorité des gens aurait jugées bizarres ?

Le jugement

Un jugement, c'est tout simplement un « juge qui ment ». Si tu penses que les autres te jugent, c'est que tu les juges toi-même.

Cesse de juger les gens et regarde-toi un peu.

Peux-tu justifier le jugement que tu portes sur autrui, sur toi-même et sur les événements ? Pourquoi juges-tu ? Si tu regardes bien à l'intérieur de toi, tu verras que le jugement est, en fait, un prétexte pour ne pas te regarder toi-même et pour échapper à ta propre culpabilité.

Tant qu'une croyance sera présente, « l'extérieur » viendra te la montrer d'une manière ou d'une autre. As-tu à pardonner à celle ou celui qui vient te montrer tes failles ? Tu te juges lorsque tu estimes ne pas avoir le droit de quitter telle personne, tel emploi ou tel groupe. Tu inventes mille prétextes pour ne pas changer, car sortir du jugement peut amener de grands bouleversements dans ton existence. Vas-tu remettre le gouvernail de ta vie entre les mains de ta peur ou entre celles de ton cœur?

Apprends à pardonner les rancunes et les colères d'autrui puisque ce ne sont que des caprices d'enfant dans un corps d'adulte frustré qui se manifestent. Il faut que tu lâches prise et que tu cesses de vouloir tout contrôler. Vis tes expériences, sans te juger et sans te préoccuper des résultats.

Personne n'agit par méchanceté. Les gens agissent toujours de la meilleure manière qu'ils connaissent et dont ils sont capables, à l'intérieur du contexte dans lequel ils se trouvent. Tu peux et tu dois parfois t'en protéger ou les empêcher d'agir. Mais tu ne dois jamais les juger ni les condamner en tant qu'individu.

La cohérence

Il doit y avoir cohérence entre ce que tu penses, ce que tu dis et ce que tu fais. La cohérence est l'absence de contradiction. C'est le rapport harmonieux entre tes pensées, tes paroles et tes actions.

Exemple : Tu en veux à un ami et tu te promets que, le moment venu, il connaîtra le fond de ta pensée ! Cependant, lorsqu'il arrive, tu fais le contraire en l'accueillant gentiment comme si rien ne s'était passé.

Il y a là un problème de cohérence qui entraînera une mauvaise énergie et tu peux être certain que tu le ressentiras dans ton corps.

Positif et négatif

As-tu déjà pensé que ce qui t'avait semblé positif au premier abord s'est avéré être finalement négatif et vice versa ? Par exemple, tu perds ton emploi. À première vue, cela peut te sembler très négatif. Cependant, quelques jours plus tard, tu te déniches un emploi mieux rémunéré et dans lequel tu te sens bien mieux. Alors, un événement qui te semblait négatif au départ s'est transformé en quelque chose de très positif. Le contraire peut aussi se produire. Tu gagnes 10 000 $ à la loterie. Quelle chance ! Tu cours chez ton ami pour lui raconter ton histoire, mais tu trébuches dans l'escalier et tu te casses la jambe. La chance semble avoir mal tournée. Mais peut-être que le fait de te casser la jambe t'a empêché de te faire frapper par une voiture en traversant la rue ? Retiens toujours ceci : le négatif peut mener à de très bonnes choses. Le positif n'est pas nécessairement là où on pense le trouver.

Savoir dire non

Pourquoi as-tu de la difficulté à dire NON ? C'est pourtant le premier mot que tu as appris à dire lorsque tu étais encore bébé ! Mais, ce n'est pas très long que le NON se change en OUI, ne serait-ce que pour faire plaisir et te faire aimer. Imagine dire NON ! Ce n'est pas une façon de te faire des amis ! Mieux vaut être seul que mal accompagné. Dire NON aux autres, c'est te dire un grand OUI à toi-même.

La personne libre est celle qui est capable de dire OUI ou NON avec la même simplicité et dans n'importe quelle circonstance. S'il t'arrive de dire OUI pour ne pas décevoir les gens, ce n'est pas de l'amour, c'est de la lâcheté. Apprendre à dire NON est un grand pas à faire en faveur de l'amour. Quand une personne te fait une demande avec insistance, comme si sa vie en dépendait, et que tu ne vois pas ce que tu peux en faire de positif, sois capable de dire NON, simplement et le plus fermement possible.

C'est en te respectant que tu auras plus de facilité à dire NON. Cette capacité de dire NON s'applique également au couple et à leur sexualité. Il faut être honnête avec toi-même et refuser d'avoir des relations sexuelles si tu n'en as pas envie. C'est une question de respect de ton corps. Je rencontre de très nombreuses personnes aux prises avec des problèmes d'herpès et de vaginites causés par leur incapacité de refuser une relation sexuelle par peur de ne plus être aimées, de ne pas être à la hauteur de leur partenaire ou tout simplement pour ne pas décevoir.

Bloquer l'énergie négative

Il faut éliminer toute l'énergie négative de ta vie. Quand, par exemple, tu entends des paroles qui te blessent, tu ne dois pas les ignorer. Tu dois les reconnaître et les refuser et non pas faire semblant que tu ne les entends pas. Il ne te suffit pas de les ignorer et de prétendre qu'elles ne te touchent pas. Inconsciemment, ces mots s'enregistreront dans ton subconscient et feront des dommages de la même façon qu'un virus peut pénétrer ton corps pour l'affecter. Il te faut refuser cette énergie négative, lui faire un blocus en la confrontant au lieu de fuir.

Les amis de sexe opposé

Savais-tu que les amis de sexe opposé n'existent pas ? Entre une femme et un homme, il est toujours question de séduction. Le vieil ami d'enfance à qui tu peux raconter tous tes problèmes et avec lequel tu te sens libre d'être toi-même est le fruit de ton imagination. Il a des attentes envers toi ou tu en as envers lui, consciemment ou non. C'est une relation malhonnête où chacun se fait croire qu'il est détaché de l'autre alors qu'il n'en est rien. Il faut cesser de blâmer les conjoints qui sont jaloux de ce type de relation, ils ont raison !

Les clients ou les employés ?

N'en as-tu pas marre de te faire dire que le client a toujours raison ? C'est faux ! En fait, le client n'a jamais raison !

Ce qui est vraiment important dans une entreprise, ce sont ses employés. Ce sont eux qui en sont l'énergie vitale. Ils y passent une grande partie de leur vie et on ne doit jamais oublier que leur contribution est primordiale.

Si tu ne tiens pas compte du bien-être des gens qui travaillent dans ton entreprise, tu n'arriveras à rien de bon à long terme. Les employés malheureux nuisent à la santé d'une entreprise, finissent par la quitter et tout est à recommencer à zéro avec d'autres employés. Au contraire, quand les employés sont heureux, ils dégagent une énergie positive qui sera ressentie par la clientèle qui, à son tour, sera heureuse. Quoi de plus désagréable que de se faire accueillir par une personne amère, qui a l'air fatiguée et désabusée ? En tant que cliente, je préfère rebrousser chemin. Au contraire, quand j'entre dans un établissement où je suis accueillie par une personne souriante et heureuse, je le suis moi aussi. Le bonheur, c'est contagieux !

Une entreprise est une boule d'énergie et, pour qu'elle fonctionne rondement, les employés doivent s'y sentir bien et avoir envie d'accomplir leur travail.

Une partie de Mario Bros. ?

Qui n'a jamais joué à ce jeu électronique où il est question d'un petit plombier qui doit cheminer à travers de nombreux obstacles pour arriver à sauver la princesse ? Au début de la partie, Mario se voit attribuer une bande d'énergie. À chaque fois qu'il faillit à un obstacle, il perd un petit morceau d'énergie et il en va ainsi jusqu'à ce que toute son énergie soit épuisée alors il meurt et on recommence à zéro. C'est amusant !

Au début de ta vie, tu as une quantité d'énergie qui t'est attribuée. À chaque fois que tu fais du mal à ton corps, que tu ne lui donnes pas ce dont il a besoin, que tu ne t'exprimes pas, que tu ne te respectes pas, tu perds un peu de cette énergie vitale. La différence entre toi et Mario, c'est que lorsque ton énergie sera entièrement dépensée, tu ne pourras pas réactiver la partie !

Le temps libre, les vacances

Quand on ne sait pas quoi faire de notre temps libre, on tourne en rond, on mange, on fume, on boit de l'alcool, on se drogue, on fait du ménage ou on se trouve du travail à faire. Cependant, il faut savoir que tout comportement qui comble un manque n'est pas sain. Il est important de savoir profiter de nos moments de calme et de vacances. Savoir s'arrêter, faire des siestes, lire un bon livre, se faire bronzer, jouer, se divertir, c'est important. Le stress de la vie d'aujourd'hui nous porte à toujours vouloir occuper nos temps libres. Le problème, c'est que lorsque notre corps est en arrêt, notre cerveau lui n'arrête pas. Donc, les émotions s'affichent et définissent un vide à combler.

Voyager

On dit avoir le goût de voyager pour changer d'air. Il faut s'arrêter et se demander pourquoi nous avons besoin de changer d'air. L'air dans lequel nous vivons aurait-il besoin d'être purifié ? Voyager représente la fuite. Avez-vous vraiment l'impression que vos voyages vous apportent la paix souhaitée ? Il y a le décalage horaire, la nourriture étrangère, les perturbations du sommeil, les excès, bref tout pour s'oublier. Si vous voyagez, sachez que, lorsque vous reviendrez, en plus des perturbations reliées au voyage et du temps dont votre corps aura besoin pour revenir à son rythme normal, il n'y aura rien qui se sera amélioré à la situation que vous avez voulu fuir. Faites un voyage à l'intérieur de vous au lieu de vous sauver à l'extérieur.

Le cancer

Avez-vous remarqué qu'il y a de plus en plus de gens qui sont atteints du cancer ? Ne cherchez pas pourquoi :vous donnez trop d'attention à cette maladie. On entend parler des marches, des téléthons, des recherches, des dons... tout cela nourrit la maladie ! Les gens se battent contre le cancer, mais en fait ils devraient l'accueillir comme un message à comprendre. Il ne faut pas le prendre à la légère car c'est un message sérieux. S'il n'est pas écouté et bien compris, c'est la mort !

Très souvent, les gens refoulent leurs émotions au lieu de s'en libérer. Ce sont habituellement des pardons qui n'ont pas été faits. Le cancer est un message que le corps envoie afin de faire prendre conscience de l'importance de s'exprimer et de cesser de tout garder à l'intérieur de soi par crainte d'être jugé par les autres. Certaines personnes recherchent de l'attention et développent inconsciemment une maladie pour l'obtenir. N'oubliez pas que la maladie est un cri du corps et du cœur. Nous sommes portés à prétendre que cela ne peut pas s'appliquer aux enfants. N'oubliez pas que vos enfants sont malades pour vous faire prendre conscience de certaines choses. Vos enfants expriment vos malaises plus que vous ne le croyez. Prenez-vous en main et allez à la source de vos problèmes émotionnels. C'est la meilleure manière de contrer la maladie et de protéger ainsi votre famille. Nous ne sommes pas sur la terre pour être malade mais pour être en santé.

Les enfants et les animaux domestiques

Les enfants. Leur rôle

Tes enfants sont ton miroir. C'est par eux que tu passes pour voir tes souffrances qui ne sont pas guéries. Au début de ce livre, je t'ai parlé de mes enfants. Grâce à eux, j'ai réussi à travailler sur moi et à me guérir. Les papas et les mamans m'appellent souvent pour savoir si je peux aider leurs enfants. Je crois qu'avant l'âge de21 ans, le bien-être des enfants passe par celui des parents. Les enfants se porteront mieux si les parents sont heureux. Lorsqu'on parlait à mes enfants, c'était à moi qu'on parlait. Je me suis guérie et aujourd'hui mes enfants sont en santé. Sois le changement que tu veux voir dans tes enfants et si tu les aimes, tu feras quelque chose pour toi-même !

Le déficit d'attention chez l'enfant

Les enfants atteints du TDHA sont un beau miroir en trois dimensions pour les parents. Les enfants envoient un message. Ils démontrent que tu n'as pas fait face à ton passé et ils demeurent dans un état d'inattention pour que tu sois plus attentif. Ils expriment ce que tu n'as pas exprimé.

L'autisme

Ces enfants naissent dans les familles où les parents sont dans une bulle. L'enfant fait le « singe » et démontre à ses parents qu'ils sont sur une autre planète. Ils sont traités comme des enfants différents, mais ce sont les plus intelligents, car ils ont compris que, par ce moyen, les parents vont peut-être comprendre qu'il est temps qu'ils reviennent sur terre. Plus le parent revient sur terre, plus l'enfant y revient également. Le concept peut être très difficile à accepter, mais c'est bien le jeu de l'enfant.

Les parents souffrent et les enfants le ressentent. Prenons l'exemple d'une mère qui est très troublée émotivement par sa récente séparation et qui décide de cacher ce qu'elle ressent. Il est certain que son enfant exprimera tout haut ce qu'elle a décidé de taire. Il développera des problèmes de concentration et il parlera sans cesse. Finalement, c'est la mère qui devrait prendre du *Ritalin*. Les adultes ont plus de facilité que les enfants à cacher leurs émotions et ce sont ces derniers qui en subissent les conséquences.

Cessons de droguer nos enfants. Les adultes doivent être responsables et cohérents. Il faut se poser les vraies questions. Si tes enfants ont besoin de drogue pour fonctionner, est-ce parce que toi-même, tu en consommes pour mieux fonctionner ? En aurais-tu besoin ? Est-ce aux professeurs de faire ton travail de parent ? Est-ce que tes enfants ont tout ce dont ils ont besoin pour se développer adéquatement ? Quel environnement familial offres-tu à tes enfants ? Leur donnes-tu la lune, les traites-tu comme des enfants-rois ou leur donnes-tu l'encadrement nécessaire et la discipline dont ils ont besoin ? Es-tu assez honnête avec toi-même pour raffermir l'encadrement que tes enfants demandent ? Offres- tu à tes enfants tous les outils nécessaires pour qu'ils puissent faire face à leurs émotions ? Donnes-tu l'exemple ?

Les enfants sont connectés directement avec les sources d'énergie. Ils n'ont aucun blocage. Ils ont donc une grande énergie en eux et ne savent pas quoi en faire. Si tu ne gères pas ta propre énergie, quelle image donnes-tu à tes enfants ?

Pourquoi avoir des enfants ?

La décision d'avoir un enfant relève plus souvent des autres que de soi-même. Parfois, c'est pour préserver ton amoureux ou pour ressentir enfin le véritable amour. On a tendance à penser que nos enfants vont nous aimer de façon inconditionnelle, malgré nos défauts. Mais, attention, le jour où ils apprendront qu'ils n'ont pas choisi leurs parents et qu'ils peuvent opter pour une nouvelle famille, la chute sera difficile.

Imagine que tu sois enceinte et que tu veuilles le dire à tout le monde. Tu accouches, mais personne ne vient voir ton bébé, tu ne reçois aucun cadeau et personne ne t'appelle pour prendre de tes nouvelles. Comment te sentiras-tu si tu as fait cet enfant pour les autres ? Imagine que tu accouches et que ton amoureux te quitte. Comment te sentiras-tu si tu as fait cet enfant pour garder ton amoureux ? Imagine que, des années plus tard, ton enfant veuille partir de la maison, qu'il te déteste et ne veut plus te parler. Com- ment te sentiras-tu ? Tu croyais qu'il allait toujours t'aimer malgré tes défauts. Le but d'avoir des enfants est de leur transmettre un bel héritage et leur enseigner ce qu'est l'amour, pas seulement leur dire, mais leur démontrer. Les enfants apprennent en obser- vant et non en écoutant. Sois un modèle pour eux, aime-toi !

Les animaux domestiques

Leur rôle

Les animaux domestiques sont comme les enfants, ils sont ton miroir. Ils ont une âme et un corps, mais pas d'esprit. Ils s'imprègnent de l'esprit de leur maître. Ils ressentent tes émotions de façon exponentielle. Leurs sens étant très développés, ils ressentent les malaises et ont le réflexe de les développer. Ils sont là pour te montrer que tu dois t'occuper de toi. Observe-les et tu te verras vivre à travers eux. Tu auras tes réponses.

Un animal prend le temps de dormir, de manger, de se laver et de jouer. Les animaux peuvent donner plusieurs leçons aux humains. Ils agissent parfois mieux que nous avec leurs petits et ils se témoignent du respect. Lorsqu'il aiment, ils le font inconditionnellement. Ils prennent l'amour dont ils ont besoin et sont beaucoup plus indépendants que nous ne le croyons.

Exemples : Une personne que je n'apprécie pas entre chez moi et je n'exprime pas mon désaccord. Il est certain que mon chien l'exprimera en jappant pour qu'elle quitte la maison. Si ton chien a mal aux oreilles, il faut que tu te demandes ce que tu ne veux pas entendre. Tes animaux que tu aimes tant sont prêts à prendre sur eux tes malaises et même à mourir pour toi. C'est vraiment dommage !

Si tu es allergique aux animaux domestiques de ton entourage, c'est qu'ils sont trop imprégnés des émotions de leur maître et ton réflexe est de les rejeter. Si tu es allergique à tes propres animaux domestiques, c'est que tu ne veux pas voir tes problèmes en face. Alors, en tant que maître, prends-toi en main !

N'acceptez pas d'être gros !

Voici un texte très représentatif sur l'incohérence de s'accepter avec un surpoids et d'en subir les conséquences. Il a été écrit par le Docteur Tabarnak, un pseudonyme adopté par un médecin du Québec sur sa page Facebook où il publie ses opinions sur des sujets se rapportant notamment à la santé. Ce texte reflétant bien ma pensée qui préconise l'action plutôt que l'hypocrisie, je le publie intégralement. Cœurs sensibles, s'abstenir !

Quand j'étais un gamin au primaire, les « petits-gros » étaient rares. On en avait 1, parfois 2 par classe. Et on le « varlopait » solide. On le traitait de «gros tas», «baleine», «bouboule». Y'était toujours le dernier choisi au ballon chasseur, mais le premier visé avec le ballon. S'il avait le malheur de manger du chocolat ou un petit gâteau, tout le monde riait de lui: regardez le gros, il mange encore !!

Puis, le secondaire arrivait. Pendant l'été, notre « petits-gros » s'était pris en main. Il était devenu grand, costaud, en forme, pis il nous pétait la gueule à toute la gang!! Après, il sortait avec la plus belle fille. Je vous imagine déjà penser: il est fou ce gars-là, il prône l'intimidation! Malheureusement, il y a un bâton dans l'engrenage: l'obèse, il est malade, ou du moins, il le deviendra. C'est une différence majeure. Si tu as les cheveux roux, si tu as une grosse oreille, si tu es petit, ou si tu bégayes, ce n'est pas grave, et bravo à l'acceptation de soi.

Mais si tu as un surplus de poids, l'accepter est une erreur ! Premièrement, c'est une atteinte majeure à ta santé. Deuxièmement, c'est réversible ! Du moment où une personne dit: je m'aime comme ça, elle jette la serviette !

De plus en plus, on voit des vedettes obèses, des stars, qui racontent comment elles vivent bien avec leur poids. Comment elles ont appris à s'accepter. Mais j'aimerais ça, parfois, en entendre un ou une dire : oui, je suis heureux, mais je suis aussi conscient que j'ai un problème de poids et j'essaye d'en perdre. Je m'aime bien, mais je commence à avoir mal aux genoux, je suis tout trempe si je monte un escalier, et je ne veux pas mourir à 55 ans.

Bon, calmez-vous, je ne dis pas que les adultes obèses sont heureux, je ne dis pas qu'ils n'essaient pas. Au contraire, ils font souvent face à un surpoids qui semble insurmontable. Et c'est LÀ le problème. Le réveil tardif! Je vois tellement de personnes qui sont devenus malades, ou qui veulent maigrir, mais qui ont entre 50 et 100 lbs à perdre. Tout un obstacle démotivant.

Et, évidemment, on se demande: pourquoi si tard ? On ne gagne pas 50 lbs du jour au lendemain ! C'est un processus lent, graduel, qui commence à l'enfance. C'est 5 lbs + 5 lbs + 5 lbs... pendant des années. Et c'est là qu'il faut fesser! Sur le premier 5 lbs, dès qu'il se pointe le nez. Ce que l'on vient de gagner est facile à perdre. Comment ne pas accepter le surpoids ? Cessons la parole de bois. Cessons d'être trop gentil. Parlons. N'acceptons PAS de prendre du poids, n'acceptons PAS que nos enfants prennent du poids, n'acceptons PAS que nos amis fassent de la bedaine, et disons à nos blondes qu'elles engraissent! Ta blonde commence à avoir un gros cul ? N'aie pas peur. Dis-lui: chérie, tu prends de la fesse, et je trouve ça moins hot. Oh, elle va être en crisse sur le coup, mais à long terme, c'est mieux pour les deux.

Mon point est simple: il faut arrêter de dire que c'est « ben correct d'avoir une tite-bedaine ». Au contraire. Parce que les pauvres gens que je vois, c'est toujours la même histoire : Ado un peu enveloppée, porte fièrement le muffin, se fait un chum grassouillet, grossesse à 22 et 25 ans avec gain de poids à chaque fois, pour finalement la retrouver dans mon bureau à 33 ans avec le diabète, l'hypertension, et des brûlements digestifs, pis moi, le « zouf », faut que lui dise de perdre 75 lbs... Sacréfice, y'a personne, à

16 ans, quand elle avait juste 15 lbs à perdre, qu'il lui a dit: « Aye la grosse, arrête de manger des chips ». Ben non, ce n'est pas gentil. Donc, ceux qui sont déjà obèses: ne lâchez pas, avec des efforts constants, vous pouvez y parvenir. Pour les autres, voici quelques règles de base à suivre, à partager, et qui sont facilement applicables :

1. Pesez-vous une fois par 2 semaines. Notez-le sur un calendrier. That's it. Le but ? Détecter une tendance. Si, lors de vos 5 dernières pesées, vous gagnez 2 lbs, alors vous faites de quoi de pas correct. En vous pesant aux 2 semaines, vous ne deviendrez pas fou, mais vous ne serez pas « surpris » par votre poids.

2. N'acceptez, en aucun cas, d'augmenter la taille de vos vêtements. Les filles à 16 ans, et les gars à 18, vous avez votre corps adulte. Il n'y a aucune raison qu'il change. Si tu portes des jeans taille 34, ben restes avec du 34. La journée que vous allez vous acheter une nouvelle paire, et qu'il faut du 36, dites NON! Retournez à la maison, et redoublez d'ardeur dans votre discipline, et revenez acheter du 34 dans 2 semaines ! Accepter de changer de taille de linge, c'est lancer la serviette. C'est dire « bof, je suis plus gros maintenant ». NON!

3. Surveillez vos proches, votre famille, vos meilleurs amis, vos amours, et brisez le silence. Ceux qui nous sont chers sont les mieux placés pour nous dire « je t'aime, et je suis un peu inquiet de te voir gagner du poids comme ça. »

Bon, le texte est assez long, donc place au débat. Et en passant, je ne déteste pas les gros. J'aimerais les aider. Mais je me dis que quelque part, en route vers le 250 lbs, il y a une petite lumière qui ne s'est pas allumée, et je crois que nous sommes tous coupables, avec nos sourires hypocrites, et nos « ben non, t'es belle de même!» T'es peut-être belle. Mais tu vas être malade plus tard, le sais-tu, ça ?

Dr Tabarnak

Mot de la fin

L'histoire de Cendrillon

Faisons ensemble un parallèle entre l'histoire de Cendrillon et la tienne. Tu as déjà été cette petite princesse ou ce petit prince rempli de joie de vivre, qui croyait que le monde était parfait, que la vie était éternelle et que tout était possible. Et, à un certain moment de cette vie idéale, tu as été victime d'injustice, de malchance, d'abus et tu as vécu des situations difficiles qui sont venues assombrir tes croyances. Dès lors, tu as fait connaissance avec les faux amis que sont l'apitoiement, le découragement, la noirceur et la dramatisation.

Tout en suçant ton pouce, en faisant du surplace et en maugréant, ton innocence se couvrait du manteau de la vie d'adulte. Tes parents te disaient sûrement: « Voilà ce que c'est que de devenir un adulte. Tu vas te rendre compte que la vie n'est pas toujours rose ! »

Malheureusement, ils t'ont transmis ce qui leur avait été légué. En vérité, devenir un adulte, c'est tout simplement prendre conscience de tes forces et de ton pouvoir, de ton autonomie et de ta capacité à faire ce que tu veux de ta vie.

Les princesses et les princes ne sont-ils pas censés devenir des reines et des rois ? Quant à Cendrillon, n'avait elle pas une fée marraine qui est venue à son secours ? Est-ce que cette fée ne serait pas plutôt cette petite énergie, qu'on appelle la foi, et qui nous redonne confiance? Malgré les tristes circonstances de sa vie, Cendrillon se levait chaque matin en savourant la beauté de la nature, en dansant et en chantant.

La morale de ce conte de fée, tout comme celle de la majorité des contes pour enfants, c'est que, dans la vie, on doit croire car TOUT est possible. Tu es le créateur de ces possibilités. Tu es le super héros de ta vie. Tu décides de ton histoire.

Quand la vie vient tester tes capacités, tu dois toujours continuer de croire et de rêver. Le rêve est une pensée positive qui attire ce que tu veux (loi d'attraction). Pourquoi ? Quand tu rêves à quelque chose, tu en visualises tous les détails. Les émotions se bousculent tellement que ton cœur bat la chamade. Pourquoi ne pas remplacer le soupir qui suit ces moments de songe par un coup de baguette magique ? Et si ton rêve pouvait se concrétiser ?

Tu as le pouvoir de créer ton propre conte de fée. Tout d'abord, tu dois te donner le droit de rêver et de croire. Il ne faut croire en personne d'autre que TOI. Écris tes demandes, laisse la vie se charger des détails et quand ta chance se manifestera, saisis-la et aie le courage d'agir.

Penser – Visualiser – Croire – Saisir – Agir
Voilà une belle formule magique !

Retrouve la princesse ou le prince en toi et redonne-lui sa place afin qu'elle ou il guide tes demandes.
Tu rêves…
du prince charmant, la Belle au bois dormant
→ *La personne idéale avec qui partager ta vie*
du véritable amour
→ *L'authenticité et les vraies émotions*
du carrosse
→ *La voiture qui te plait, qui t'emmène vers les plus beaux sentiers et t'offre la meilleure protection*
du château
→ *La maison de tes rêves*
de la vie idéale
→ *T'épanouir, exploiter tes forces, tes capacités morales et physiques*

Finalement, n'oublie pas de TE remercier et de bénir la vie pour chaque petit plaisir que tu te donnes le droit de vivre. Ne base pas tes rêves sur ceux des autres. Peut-être que le bonheur pour toi c'est de t'offrir un bon vin que tu savoureras avec des amis dans la chaleur de ton foyer ou encore de déguster une pièce de viande merveilleusement apprêtée. C'est peut-être de marcher dans les bois avec ton fidèle compagnon, de travailler à la maison, de passer plus de temps avec tes enfants et ton amoureux, de t'offrir un vêtement, un bijou ou une douceur qui te fait envie depuis longtemps.

Arrête-toi quelques instants et prends le contrôle de ta vie. Attire ces petits moments qui feront ton bonheur, ces moments qui ressemblent étrangement à de la poussière de magie.

Peu importe la grandeur de tes rêves, tu détiens la formule magique et la baguette magique.

Balaie de ta tête toutes tes peurs, ces affreuses belles-mères qui viennent t'emprisonner dans ton propre château et agis !

Je te vois bientôt à ce bal célébrant la VIE ?

Témoignage

Il y a 9 ans, les spécialistes m'ont annoncé que mon enfant souffrait d'autisme. Enfin, je savais pourquoi elle était comme ça. Je ne me suis pas posée de questions. On m'a dit que c'était un débalancement neurologique, une erreur de la nature. La belle affaire !

Puis, j'ai rencontré Suzie et j'ai réalisé que ce pauvre petit être qui refusait les contacts avec la réalité, qui n'exprimait pas ses émotions et qui refusait les contacts physiques n'était que le miroir de ce que je ressentais et de ce que j'étais. Je viens d'une famille où il valait mieux apprendre à vivre sur une autre planète.

Suzie m'a fait réaliser que la vie est bien meilleure que je ne le pensais. Les spécialistes ne vous demandent pas par où vous êtes passé. Depuis que j'apprends à me connaître, à m'aimer, je reprends contact avec ma fille. Je ne me suis jamais sentie aussi près d'elle. J'ai appris à la laisser vivre sans être constamment derrière elle. Depuis, elle fait ses choses toute seule. Ce qui est intéressant avec ces enfants, c'est qu'ils ne prennent pas de détours pour exprimer ce qu'ils ressentent. Tout ce qu'ils projettent est vrai. Moi, je croyais que c'était de l'autisme sans savoir que c'était mon image qu'elle me retournait en plein visage. Ces enfants sont des éponges d'émotions. Ils nous renvoient l'image de ce que nous sommes. Il n'en tient qu'à nous de modifier notre vision des choses, de vivre heureux et le reste suivra.

Loulou

En rafale

Les réponses de Suzie aux questions de ses clients

Dans cette section, j'ai choisi de répondre à certaines questions parmi celles qui me sont les plus fréquemment posées.

1. Est-ce normal de douter ?

La réponse est simple. Tu écoutes trop ton entourage et tu ne te fais pas assez confiance. Pourquoi est-ce que la théorie des autres serait meilleure que la tienne ? Fais-toi confiance, tu es l'unique maître de ta destinée.

Exemple : Tu as une superbe idée en tête et tu la partages avec ton ami ou ton conjoint. Assurément, ils te donneront des opinions qui pourront différer de la tienne. Alors, tu remettras ton idée en cause car tu auras peur de faire un mauvais choix. Pourquoi vouloir en parler au lieu de te faire confiance et de passer à l'action ?

2. Pourquoi n'ai-je pas peur de mourir ?

Tu n'as pas peur de mourir car tu l'es déjà ! Tu as plutôt peur de vivre. Ton corps bouge, mais ton esprit n'y est plus. Reprends vie.

3. Pourquoi certaines personnes se suicident-elles ?

Ces gens fuient la vie au lieu d'y faire face. Ils ne trouvent plus de solutions et c'est leur choix. Ils souffrent à l'intérieur d'eux-mêmes, ne voient aucune lumière, se sentent incompris et croient que plus personne ne peut les aider. C'est ce qui est arrivé à ma petite sœur. Ne te laisse pas influencer par ceux qui veulent mourir. En tant qu'être humain, tu dois te rappeler que tu es avant tout un être spirituel vivant une aventure physique. Le surpoids et la maladie chronique sont aussi des formes de suicide mais à petit feu. Apprécie ton corps et aime-le au lieu de le détruire.

4. Pourquoi m'arrive-t-il de me créer des scénarios dans ma tête ?

Tout le monde crée sa propre histoire, qu'elle soit dramatique ou rigolote. Quand je demande aux gens d'imaginer un scénario positif, ils me disent souvent avoir de la difficulté à le faire. Je trouve étrange cependant qu'ils n'aient aucune difficulté à imaginer un scénario dramatique mettant en vedette leur conjoint qui les trompe ! Chaque personne joue le rôle de producteur, de metteur en scène et d'acteur. La plupart des gens joue avec les fonctions «reculer» (angoisse) et «avancer» (anxiété) dans le but d'analyser ce qui s'est passé ou ce qui s'apprête à arriver. Il faut plutôt profiter du moment présent et improviser.

5. Qu'est-ce qu'une personne paranoïaque ?

C'est une personne qui a sa propre réalité basée sur la peur. Par exemple, elle peut être convaincue que les extra-terrestres existent et, effectivement, elle les voit dans sa cour mais les autres ne la croient pas puisque dans leur réalité, les extraterrestres n'existant pas, ils ne peuvent pas les voir ! Je rencontre beaucoup de personnes qui se sentent incomprises et je les comprends car j'ai moi-même déjà souffert de paranoïa.

6. Pourquoi ai-je besoin de croire en une force supérieure ?

(Anges, guides, karma, destin, astres, cartomanciennes, etc.)
Il est normal de croire en quelque chose d'extérieur à toi lorsque tu n'as pas suffisamment confiance en toi-même. Tu ne te sens pas assez solide pour ne croire qu'en toi-même. Lorsque tu as pleine confiance en toi, tu ne ressens pas le besoin de croire en d'autre chose. Tu sais que tu attireras à toi ce dont tu as besoin.

7. Qu'est-ce que la méditation ?

Tu médites chaque fois que tu fais ce que tu aimes. En général, les gens ressentent le besoin de méditer afin de se recentrer lorsqu'ils ne font pas ce qu'ils aiment et que leurs pensées s'éparpillent. Si les gens faisaient tout ce qu'ils aiment, ils n'auraient pas besoin de temps pour méditer, ils le feraient à longueur de journée.

8. Qu'est-ce que l'univers ?

Les gens croient souvent que l'univers est l'environnement extérieur. En fait, il s'agit réellement de deux amoureux qui s'unissent et partagent les mêmes rêves et les mêmes objectifs, formant ainsi une boule d'énergie. Nous sommes « UNIS VERS » les mêmes objectifs et les mêmes rêves.

9. Que veut dire « lâcher prise » ?

Cela signifie d'éviter l'inertie et la stagnation, en d'autres mots, de faire autre chose. Agir sans attendre. Si, par exemple, tu désires avoir un enfant et tu ne cesses d'y penser, cela risque d'être long et en plus tu passeras à côté de belles opportunités. Si tu veux un enfant, c'est parfait, mais n'oublie pas de vivre. Il se présentera à toi au moment où tu l'attendras le moins, comme une surprise !

10. Pourquoi les gens ne m'écoutent-ils pas quand je parle ?

Est-ce que tu t'écoutes ? Pourquoi alors demandes-tu aux autres de t'écouter ? Commence par t'écouter et les autres le feront à leur tour.

11. Pourquoi est-ce que je ressens le besoin de partir en retraite fermée pour quelques jours ?

Le jour où tu te sentiras bien dans la vie, tu ne ressentiras plus le besoin de partir en retraite fermée. Parfois les gens partent pour faire le vide et fuir le monde. Parfois, c'est pour des remises en question ou pour connecter avec leur intérieur, pour avoir la paix. Pense à un bébé quand vient l'heure de dormir. Qu'il y ait du bruit ou non, peu importe où il est, si l'heure est venue pour lui de dormir, il dormira ! Imagines-toi dans ton environnement, bien avec ton intérieur, peu importe l'extérieur, comme ce bébé !

12. Tu dis que nous sommes immortels. Mon esprit, je le veux bien, mais qu'advient-il de mon corps ?

Si tu prends soin de ton corps comme tu prends soin de ton esprit et de ton âme, ton corps suivra. Les gens meurent prématurément parce qu'ils focalisent davantage sur leur esprit que sur leur corps alors que les deux sont importants.

13. Que penses-tu de faire des dons en argent ?

Rien ne sert de donner de l'argent pour de la recherche ou de faire des dons aux gens qui te semblent démunis. Tu les encourages à ne pas évoluer. Tu pêches le poisson à leur place. Ils demeurent dépendants des autres et deviennent des parasites au lieu de devenir des papillons. Montre-leur à pêcher si tu veux vraiment les aider.

14. Qu'est ce que le détachement ?

Le détachement est un état d'esprit qui te permet de ne pas te laisser atteindre par ce qui se déroule à l'extérieur de toi. Par exemple, ton ami est atteint d'un cancer. Ce n'est pas toi qui en est atteint, donc soit heureux et apprécie la vie. Ce que les autres vivent ne t'appartient pas. Que l'on parle contre ton ami, que tu sois témoin d'injustice ou d'une situation désolante, ce n'est pas toi qui est en cause. Ces émotions ne t'appartiennent pas. C'est la même chose pour les biens matériels. Pourquoi te sentirais-tu mal à l'aise d'avoir une vieille voiture ou une maison qui ne soit pas grande ? Les choses sont ce qu'elles sont et tu as tes raisons de les avoir placées dans ta vie ! Tu ne dois jamais te laisser affecter par ce qui se passe à l'extérieur de toi.

15. Qu'est-ce qu'une illusion ?

Une illusion est un scénario que tu inventes ou que tu achètes de quelqu'un d'autre. Tu y crois dur comme fer et tu y places des attentes. Puis un jour, le scénario ne tenant plus, tu reviens à la réalité et c'est douloureux. Par la suite, tu en veux à l'autre plutôt que de t'en vouloir à toi-même. Pardonne-toi et fais le choix de voir la réalité plutôt que de faux rêves qui n'existent que dans ta tête.

Voici des exemples. Une femme prenait son mariage pour acquis quoiqu'il advienne. Elle n'apportait pas d'importance au fait qu'ils n'avaient plus autant de relations sexuelles qu'au début de leur relation. Un jour, son mari lui a annoncé qu'il avait une maîtresse !

Une fille avec un surplus de poids s'était créé l'illusion qu'elle s'aimait ainsi et elle s'était épanouie malgré sa forte taille. Elle y croyait dur comme fer et s'attirait donc des faits qui la convainquaient à chaque jour un peu plus. Puis, un beau jour, les malaises physiques ont commencé à se faire ressentir : souffle court, jambes lourdes, engourdissements, etc. Elle s'est rendu compte qu'elle n'était pas bien dans sa peau. Le poids de son corps l'avait rattrapée !

Un père promit un jour à sa fille de 16 ans que, si elle était gentille, il lui offrirait une voiture. La jeune fille y croyait fermement jusqu'au jour où, finalement, elle se rendit compte qu'elle n'aurait jamais la voiture puisque son père ne travaillait plus. Elle avait acheté l'idée et avait agit pour mériter la voiture promise. Elle n'aurait pas dû se laisser entraîner dans cette illusion et se créer des attentes.

Il n'y a pas de différence entre les rêves de ton sommeil, l'imaginaire ou l'illusion. C'est l'émotion vécue qui est importante. Bienvenue dans la réalité !

16. Pourquoi est-ce que je ressens le besoin d'écouter de la musique ?

La musique peut être une bonne façon de libérer tes émotions. Que tu sois l'auteur d'une chanson ou un auditeur, tu pourras t'y retrouver et exprimer les mots qui illustrent une émotion précise. Porte attention aux chansons qui te marquent, que tu fredonnes, elles ont toujours un lien avec ce que tu vis. La musique est l'un des meilleurs outils pour extérioriser ton émotion à sa juste intensité. Même sans paroles, le rythme de la musique s'associe à ton besoin d'expression. Chaque corde émotionnelle qui résonne se laisse aller grâce aux harmonies que tu entends. Si tu as le goût de pleurer, rire, crier, sauter, danser, la musique est ton alliée et elle te permet te laisser aller et de vivre ta folie. Toutefois, ne l'écoute pas pour te rappeler des souvenirs douloureux. La musique peut te servir de thérapie pour pleurer et libérer des émotions, mais quand la nostalgie fait son apparition, il n'en résulte rien de très positif.

17. Comment se fait-il que tu offres des séances de bronzage à ta clinique alors qu'on dit que c'est néfaste ?

Tout est une question d'équilibre. Teint vert ou teint basané ? Une personne qui affiche un teint verdâtre parce qu'elle ne s'expose jamais au soleil aurait avantage à se faire bronzer pour obtenir une meilleure mine. C'est excellent pour le moral, ce sont de bonnes vitamines et cela procure de l'énergie. Plusieurs de mes clients qui faisaient des dépressions saisonnières en hiver n'ont plus de récidive grâce à ce procédé. D'un autre côté, une personne qui se fait bronzer quatre à six fois par semaine exagère. Elle a sûrement quelque chose à cacher sous ce masque ! À la *Clinique Santé Alimentation Revivre*, les gens utilisent les lits de bronzage de façon équilibrée. Je n'accepte pas qu'ils les utilisent plus de deux fois par semaine. Par ailleurs, j'utilise des tubes UV haut de gamme pour obtenir une peau radieuse. Les lits ne sont pas comparables à ceux qu'on peut retrouver dans les salons de bronzage à grande échelle.

18. Qu'est-ce que l'équilibre ?

C'est ce qui te conduit à faire tout ce que tu veux, sans te priver et sans abuser. Suggestion : Suis les chiffres « 8-8-8 » pour gérer ton horaire.

- 8 heures de sommeil
- 8 heures de travail
- 8 heures de loisirs

19. Pourquoi les hommes ont-ils plus de libido ?

La femme est de nature inquiète. Son cerveau ne connaît pas de répit, ce qui occasionne une baisse de sa libido. L'homme, quant à lui, est moins soucieux que la femme et ne fait qu'une chose à la fois. Il se concentre sur l'action qu'il est en train de faire au lieu de se questionner. Cela explique aussi pourquoi ils atteignent l'orgasme généralement plus rapidement.

20. Pourquoi est-ce que j'éponge les émotions des autres ?

Tu éponges les émotions des autres parce que tu es trop sensible. Quand les gens viennent te raconter leurs problèmes, c'est toi qui es aux prises avec le contenu de leur valise qu'ils ont vidée sur tes épaules. Pas étonnant qu'ils se sentent bien en ta présence !

21. Pourquoi est-ce que je souffre souvent de malaises reliés à mes oreilles, à mes yeux, à ma bouche, à mon nez (allergies) ?

Parce que tu ne les fais pas travailler et tu ne veux pas les dévelop- per ni les exploiter.

- Avec tes oreilles, tu n'écoutes pas vraiment, tu n'entends pas les vraies choses et tu agis comme si tu n'avais rien entendu.
- Avec tes yeux, tu ne regardes pas les choses en face, tu fais comme si tu n'avais rien vu.
- Avec ta bouche, tu parles en te souciant des autres, tu mets des filtres,

tu tournes ta langue sept fois avant de parler, tu mets des gants blancs pour ne pas blesser.

- Avec ton nez, tu as de la difficulté à « sentir » les gens autour de toi, à te « sentir » toi-même.

Et c'est ainsi que tu développes des problèmes de gorge, que tu dois porter des lunettes, des appareils auditifs et quoi encore ? Tes sens s'atrophient de plus en plus car tu ne les gardes pas en vie.

22. Pourquoi est-ce que je ressens le besoin d'être généreux ?

Est-ce que tu en as vraiment envie, le fais-tu par plaisir ou avec des attentes ? Les gens t'aiment car tu es une personne qui donne beaucoup. Tu te dis qu'ainsi, elles n'ont pas le choix de t'aimer. Pour moi, le mot générosité rime avec attentes ! C'est une manière de pouvoir manipuler les autres ou d'acheter leur amour.

23. Qu'est-ce que le besoin d'approbation ?

C'est un vieux réflexe développé à l'enfance. C'est la crainte de commettre une erreur. Règle générale, les gens qui commettent des erreurs sont ceux qui ont écouté les autres. Lorsque tu écoutes ta voix intérieure, tu es toujours certain d'être sur la bonne voie et de ne jamais te tromper. N'attends pas l'approbation des autres car tu risques d'attendre longtemps.

24. Pourquoi tant vouloir être aimé ?

Tu ne t'aimes pas assez et, en plus, tu demandes aux autres de t'aimer. Quelle incohérence ! Il faut commencer par t'aimer toi-même. Il ne suffit pas simplement de le dire, il faut vraiment le ressentir. Une fois que tu y seras arrivé, tu n'auras plus à demander aux autres de t'aimer et tu auras plein d'amour à offrir.

25. Pourquoi vouloir tant plaire aux autres ?

Tu veux plaire parce que tu as un grand besoin d'amour. Si tu te plais à toi-même, tu n'auras plus besoin de plaire aux autres. De toute manière, les gens sont rarement satisfaits et la barre est toujours plus haute. Tu auras beau travailler fort pour y arriver, ils auront toujours quelque chose à redire. Il faut te regarder et te plaire à toi-même !

26. Qu'est-ce que l'inspiration ?

L'inspiration est un message clair venant de toi et qui s'adresse à toi. Souvent les gens qui sont inspirés croient qu'ils détiennent des messages à transmettre aux autres.

Exemple : Les livres de croissance personnelle sont souvent des témoignages de messages livrés à l'auteur qui devrait les mettre en pratique pour lui-même. Il sait écrire les bons mots mais, quand arrive le temps d'appliquer ses conseils dans sa propre vie, c'est une autre paire de manches !

27. Comment puis-je reconnaître ma petite voix ?

C'est comme l'inspiration. Ta petite voix, c'est la première idée qui te vient en tête. Par la suite, ce n'est plus ta voix mais celle des autres que tu as enregistrée dans ton esprit.

28.Qu'est-ce que la vérité ?

C'est ce que tu penses, ce que tu cautionnes, ce que tu choisis de voir comme étant la vérité et non pas ce que les autres veulent entendre.

29. Dois-je m'affirmer ou me la fermer ?

Il est préférable de t'affirmer car cela te libère. Dis tout ce que tu penses, tout ce que tu ressens et tu respireras la vie.

30. Comment « prendre ma place » et non « prendre de la place » ?

Il faut dire ce que tu penses au lieu d'essayer de convaincre les autres de penser comme toi sans qu'ils ne te l'aient demandé.

31. Comment « amincir » ?

Pour « amincir », tu dois libérer tes émotions. Ce n'est pas une simple question de calories. Tu dois avoir une discipline alimentaire, t'écouter, faire ce dont tu as envie, dire tout haut ce que tu penses tout bas et te choisir.

32. Pourquoi est-ce que je perds mes cheveux ?

Parce que tu vis trop « dans ta tête ». Tu n'es pas assez terre à terre et tu cherches des réponses. Délaisse le rêve et favorise le concret. Passe à l'action !

33. Qu'est-ce qu'un virus ?

Un virus te démontre que tu te laisses affecter, infecter. Libère ton émotion et le virus partira.

34. Pourquoi suis-je stressé ?

Parce que tu t'en fais pour rien au lieu de te dire que tout s'arrangera pour le mieux. Tu traverseras le pont une fois arrivé à la rivière ! Par ailleurs, une fois que tu y seras arrivé, elle sera peut-être devenue un ruisseau que tu

enjamberas facilement, qui sait ?
Exemple : Tu as peur d'acheter une voiture et de ne pas être capable de faire les paiements mensuels. Pourtant, si tu l'achètes et que tu assumes ton choix, tu pourras faire les versements sans problème. Tu te diras alors que c'était une bonne décision.

35. Qu'est-ce que la culpabilité ?

C'est chaque fois que tu dis ou que tu fais quelque chose que tu regrettes par la suite.
Exemple : Tu fais part de ton opinion à quelqu'un et, par la suite, tu penses que tu n'aurais pas dû lui dire. Ou encore, tu manges une poutine et, par la suite, tu t'en veux au lieu de t'assumer.

36. Pourquoi espérer, souhaiter et prier ?

C'est parce que tu n'as pas confiance. Personne ne possède la certitude absolue et pourtant, c'est le secret de la réussite.

Exemple : Si je dis : « Je souhaite rester avec mon amoureux toute ma vie.» C'est un signe que je n'y crois pas sinon j'affirmerais avec certitude que c'est l'homme de ma vie !

37. Comment puis-je m'assumer ?

Tout ce que tu dis et tout ce que tu fais est bien. Tu n'as pas à te poser de questions.

Exemple : Tu dis à quelqu'un qu'il t'énerve et cela le fait sortir de ses gonds ! C'est son problème, pas le tien ! Tu as simplement partagé ce que tu penses. Détache-toi du retour car cela ne t'appartient plus.

38.Pourquoi je souffre du syndrome du côlon irritable ?

Tu es très sensible aux sentiments des autres. Tu vis à travers les autres.

Par exemple : Mon fils qui en souffrait ressentait la frustration de tout ce qui n'allait pas entre son père et moi.

39. Pourquoi interpréter le pourcentage de gras sur mon corps ?

Le gras représente ta projection face aux autres. Lorsque je mesure ton gras, il y a un pourcentage attribué à chaque partie de ton corps. En ciblant les parties affectées, je pourrai me guider sur eux pour t'aider dans ton évolution. Regarder et analyser ton corps m'aide à voir quel type de personne tu es.

Exemples : En regardant simplement la teneur de ta peau, je peux déterminer ton tempérament.

- Une personne qui a la peau dure a tendance à être entêtée (tête de cochon).
- Une personne qui a la peau molle a tendance à être sans identité ou à avoir des idées arrêtées (pâte molle).
- Une personne qui a la peau ferme a tendance à être ferme (gant de fer).

40. Pourquoi fait-on de la rétention d'eau ?

La rétention d'eau a un lien avec les larmes et la peine.
Exemple: Ta mère décède et tu te dis que tu ne pleureras pas. Tu t'y attendais et ton deuil était déjà fait puisqu'elle était malade depuis longtemps. Attention à la rétention d'eau causée par cette peine cachée!

41. Pourquoi ai-je de la cellulite ?

La cellulite est l'expression d'une personne qui ne s'aime pas. Exemple : Si tu te dis que tu as des grosses fesses, attends-toi à ce que la cellulite s'y installe prochainement !

42. Comment fait-on pour libérer ses émotions ?

Lorsque tu viens me voir en consultation, tu me confies des secrets, tu me dis ce qui ne va pas et nous trouvons des solutions ensemble. Nous pleurons, nous rions, nous crions, nous jurons ensemble. Ça fait du bien et ça libère ! Imagine maintenant un enfant à qui sa mère demande de ne pas se fâcher à la maison. Un jour, à l'école, il donne un coup de bâton à son camarade. Voilà une conséquence directe au fait d'avoir contenu ses émotions au lieu de les libérer. Ne pouvant pas s'exprimer à la maison, il l'a fait à l'école et pas de la meilleure façon qui soit !

43. Qu'est-ce que la croissance personnelle ?

La croissance personnelle est une façon de trouver réponse à tes interrogations. Le jour où cela arrive, tu peux enfin vivre !

44. Pourquoi je fais toujours tout en même temps ?

Tu as peur de ne pas réussir à tout faire, donc tu fais tout en même temps. Tu t'imposes alors de tout finir. Mieux vaut faire une chose à la fois, bien la faire, et la terminer plutôt que de t'éparpiller et d'être fatigué au point d'en perdre ton énergie. Tu n'y gagnes rien !

45. Pourquoi je pense pour les autres ?

Parce que tu veux tout contrôler.

- « À ta place, je ferais ceci ! »
- « Je suis certain qu'il n'en a pas envie, donc je ne lui proposerai pas ! »
- « Je sais ce qu'il va dire, je le connais, il dit toujours ça ! »
- « Je pensais que tu allais dire ceci, que tu allais faire cela ! »

Occupe-toi de ce que TU penses, tu en as déjà bien assez à gérer ainsi.

46. Pourquoi est-ce que je ressens les autres ?

Parce qu'ils réveillent en toi des souvenirs sur les émotions que tu vis ou que tu as déjà vécues. Pour te ramener à tes points de repère, connais-toi toi-même et détache-toi des autres.

Tu as sûrement déjà entendu quelqu'un te dire : « Mets-toi dans la peau des autres ! » En vérité, cela devient vite le chaos et tu vis à travers les autres au lieu de vivre à travers toi sans différencier ce qui t'appartient de ce qui ne t'appartient pas. Tu peux être sympathique, empathique, tu peux comprendre mais toujours en te détachant.

47. Pourquoi est-ce plus facile de parler que d'écouter ?

Parce qu'écouter, ça éponge et parler, ça libère ! C'est très difficile d'entendre les gens aujourd'hui car plus personne ne s'écoute !

48. Pourquoi prendre conscience de ma respiration ?

Respirer tout en prenant conscience de ta respiration te procure du bien-être. Sans en faire une fixation, offre-toi un moment à chaque jour pour prendre conscience de ta respiration. C'est important et relaxant. Tu rappelles à ton corps que tu l'écoutes.

49. Pourquoi est-ce que je fuis ?

Parce tu as trop de mal à l'intérieur et que tu préfères ne pas ressentir la douleur. Pour ma part, je prétends qu'il vaut mieux faire face à ce qui t'arrive car ce que tu fuis te poursuit mais ce que tu affrontes s'efface.

50. Pourquoi je ne fais pas ce dont j'ai envie ?

Tu veux trop plaire aux autres et tu oublies ainsi ce qui te plaît. Un jour ou l'autre, tu dois faire ce dont tu as vraiment envie au risque de devenir de plus en plus malheureux.

51. Pourquoi ai-je peur d'être fier ?

Parce que tu as peur d'être jugé par les autres. Tu te sens mal et tu crois être obligé de te justifier au lieu de penser tout simplement que tu mérites ce que tu as. Sois fier de vivre dans l'abondance puisque c'est toi qui l'a attirée. Si tu as passé par les chemins de l'évolution, tu ne seras pas perçu comme une personne prétentieuse puisque tu ne le seras pas. Il faut être fier de ton évolution, de qui tu es et l'assumer. Si les autres sont jaloux, c'est leur problème. Peut-être auront-ils envie de suivre tes traces et de vivre, eux aussi, dans l'abondance ?

52. Pourquoi est-ce que je ressens le besoin de me justifier ?

Parce que tu as peur du jugement et que tu veux être aimé. Assume-toi !

53. Comment demander ?

C'est facile, tu n'as qu'à demander !
Exemple : Tu vas au restaurant, on t'offre une chaise alors que tu aurais préféré une banquette. Tu l'acceptes, mais, plus tard, tu te plains que la chaise est inconfortable. La prochaine fois, demande la banquette ! La pire chose qui puisse arriver, c'est de te faire dire non. Pourquoi ne pas risquer ? Je peux t'affirmer que tu obtiendras plus souvent de réponses positives que de refus car les gens sont incapables de dire non. C'est leur problème, autant en profiter !

54. Comment savoir si je suis guéri ?

C'est facile ! Le jour où plus rien ne t'affectera, ne te dérangera, ne te mettra en colère, ne te blessera ou ne te fera de mal, ce sera signe que le détachement s'est effectué et que tu es complètement guéri.

55. Pourquoi est-ce que notre partenaire nous énerve parfois?

Parce qu'il réveille en toi des blessures qui ne sont pas guéries. La solution la plus facile semble de mettre un terme à ta relation amoureuse. En fait, il est plus sain de tout simplement te détacher. De toute façon, les blessures qui ne sont pas guéries ressortiront dans une autre relation. Il est toujours préférable de tout régler correctement. Souvent, lorsque des personnes t'agacent, c'est au sujet de choses que tu n'as pas encore pardonnées.

56. Pourquoi ai-je des problèmes de concentration et pourquoi m'arrive-t-il d'avoir des trous de mémoire ?

Tu te souviens de ce que tu veux bien te rappeler. Tu te souviens de ce qui t'intéresse. Aujourd'hui, les gens font beaucoup de choses qu'ils n'aiment pas alors, ils veulent les oublier.

57. Pourquoi suis-je fatigué ?

Parce que tu ne sais pas où tu t'en vas ! Est-ce que tu vas à cet endroit-là ou à un autre endroit ? Est-ce que tu en as envie ou non ? Quand tu sais ce que tu as à faire, tu n'es pas fatigué. Tu perds de l'énergie à être indécis. La fatigue chronique est une grande maladie.

58. Pourquoi est-ce si difficile d'être responsable ?

Être responsable signifie être capable d'assumer que tu es la cause de TOUT ce qui t'arrive. C'est vraiment difficile d'être humble. C'est tellement facile de TOUT rejeter sur les autres. N'oublie pas que tu n'as aucun contrôle sur les autres mais que tu en as sur toi-même.

59. Pourquoi est-ce que j'ai peur ?

Parce que tu n'as pas confiance. Le contraire de la peur est la confiance. Exemple : Tu as peur qu'il arrive un malheur à ton enfant. Visualise de belles choses, de belles réalisations, aie confiance dans les outils que tu lui donnes et fais-lui confiance. Détache-toi. Laisse le vivre ce qu'il a choisi de vivre pour évoluer.

60. Comment être positif ?

Il faut d'abord te programmer ainsi. Malgré le fait qu'on en parle beaucoup dans les livres et dans les conférences, cela demeure plus facile à dire qu'à faire ! Le positivisme est un ensemble d'habitudes à adopter et de réflexes à développer. Il faut visualiser la réussite et non la défaite. Il faut éliminer toutes les pensées négatives puisqu'elles n'apportent que le doute et que ce dernier l'emporte toujours sur le positif.

Le doute, c'est la tête et le négatif. La confiance, c'est le cœur et le positif.

Exercice suggéré : Prends une bonne respiration, expire le négatif et inspire du positif. Prends quelques minutes pour visualiser cette extériorisation et affiche un sourire.

61. Comment détecter et reconnaître les gens qui grugent mon énergie ?

Parfois, après avoir parlé ou rencontré quelqu'un, tu te sens frustré, fatigué ou en colère. C'est signe que cette personne a grugé ton énergie. En fait, c'est toi qui l'a laissée gruger ton énergie !

62. Qu'est-ce que l'amour inconditionnel ?

C'est d'aimer les gens tels qu'ils sont, sans vouloir les changer. Il n'est pas nécessaire que chaque personne que tu aimes fasse partie de ta vie!

Exemple : Chaque fois qu'il appelle, mon père me parle de ses problèmes. Je ne veux pas le changer et je l'aime tel qu'il est. Cependant, je ne veux pas de son comportement dans ma vie. C'est la même chose avec un enfant que tu éduques. S'il fait du mal à un ami, tu lui dis que tu l'aimes mais que son comportement est inacceptable. Il y a donc une conséquence à son comportement.

63. Comment prendre le temps de manger ?

Comment prendre le temps de t'aimer ? Tu es souvent à la course pour les autres et tu as tendance à te négliger. Tu dois manger aux trois heures, comme un bébé. Tu dois manger souvent mais en petites quantités. Voilà comment je réussis à maintenir un poids santé.

64. Comment faire pour dire ce que je pense ?

Il faut dire tout haut ce que tu penses tout bas, sinon ça reste dans ta tête, et à un certain moment, ton corps ne suivra plus ! Apprends à dire ce que tu penses ! En consultation, je montre aux gens à s'exprimer et à s'affirmer avec une intention d'amour.

65. Quelle est notre mission ?

La mission de tout être humain est de s'aimer, se respecter et s'écouter. C'est tout, mais c'est le travail d'une vie !

66. Pourquoi ton plan alimentaire élimine-t-il le lait ? Y a-t-il un rapport avec les émotions ?

Le lait est en lien avec le besoin maternel. L'être humain est le seul animal à ne jamais être sevré. Pour arriver à l'indépendance émotionnelle, nous devrions cesser la consommation de lait dès le début de l'école primaire à défaut de créer une dépendance affective envers la mère.

67. Pourquoi souffrons-nous du diabète ?

Le diabète est le déséquilibre entre la douceur de la mère et la discipline du père. C'est la raison pour laquelle tant de gens ont de la difficulté à respecter leur plan alimentaire à la lettre. La semaine représente la discipline du père et la fin de semaine représente la douceur de la mère. Mon plan alimentaire est la forme inconsciente du père et de la mère.

68. Qu'est-ce qu'un médium ?

J'ai moi-même travaillé en tant que médium durant deux ans et j'étais excellente. Je communiquais avec les morts, je les entendais et les ressentais. Je voyais plus de 30 personnes par semaine qui venaient pour que je les aide à comprendre les messages de l'au-delà et un jour, j'ai eu un choc. Ma sœur, mon frère et mon père qui se sont suicidés tentaient d'entrer en contact avec moi pour m'aider à faire mon deuil. Moi, sans m'en rendre compte, je faisais de la projection et j'attirais des gens en deuil. En fait, c'était moi qui était en deuil.

Selon moi, les médiums sont des personnes qui n'ont pas terminé leur deuil. Environ 95 % d'entre eux sont aux prises avec leur passé. Si tu es capable de ressentir, de percevoir ou d'entendre les morts, c'est que tes vibrations sont basses et que ton énergie est négative et lourde. Tu es trop « dans ta tête ». Lorsque tes vibrations sont hautes, tu ne les vois plus, ne les entends plus et ne les ressens plus, ton énergie est donc positive et légère. Tu es sur la terre. Laisse les morts enterrer leurs morts et reviens à la vie, dans le moment présent.

69. Qu'est-ce qu'un massothérapeute ?

Un massothérapeute est, la plupart du temps, une personne qui manque d'affection. Soit sa relation de couple ne va pas bien soit elle est célibataire. C'est encore un cas de projection : le massothérapeute attire des gens qui ont besoin d'affection. Très souvent les gens qui vont se faire masser ne reçoive pas beaucoup d'affection de leur conjoint ou, eux-mêmes n'en donnent pas à leurs proches. C'est plus facile de passer par un étranger. Il est grand temps de se masser soi-même et de donner de l'amour à nos proches plutôt qu'à des inconnus !

70. Pourquoi tant de personnes souffrent-elles de surpoids ?

Tout vient de la relation de couple. En général, les personnes en surpoids ont peur d'être abandonnées et d'être abusées et cela arrive très souvent. Leur réaction est de se protéger avec le gras qu'elles déposent sur leurs fesses ! Inconsciemment, elles éloignent les agresseurs éventuels en n'étant pas attirantes. Elles peuvent ensuite prétendre qu'elles sont aimées pour leur cœur et non pour leur physique !

71. Comment se fait-il que je veuille obtenir des résultats et que ça ne fonctionne pas ?

Il faut croire en toi et avoir confiance en toi. Le premier pas pour arriver à obtenir des résultats est de croire fermement que tu vas réussir. Je ne dois pas y croire plus que toi- même ! Il faut faire équipe, toi et moi.

Comment arriver à y croire alors que, dans ta tête, tu penses le contraire? Souvent, les gens essaient de se convaincre mais ce qui arrive est tout à fait à l'inverse de ce qu'ils espèrent, surtout lorsque leur foi est faible.

Si tu décides d'investir sur toi-même, il faut croire que ça va marcher. Si tu n'y crois pas vraiment, je me demande bien ce que tu viens faire à la *Clinique Santé Alimentation Revivre*. Si tu te dis :
« Oui, je vais réussir ! » mais qu'il y a une petite voix dans ta tête qui te dit le contraire, alors il en sera ainsi et tu ne réussiras pas. Il faut que ta décision vienne du cœur, et que tu sois heureuse du temps et de l'argent que tu investiras sur toi comme appliquer ta crème quotidiennement, prendre tes suppléments, suivre ton plan alimentaire ou venir à tes séances d'infrathérapie deux fois la semaine. Si tu perçois tout cela comme un fardeau, un mal nécessaire ou une obligation, tu n'arriveras pas au résultat escompté mais à son contraire. Lorsque tu fais quelque chose, tu dois être heureux de le faire. Ce n'est pas pour moi ni pour ton conjoint que tu le fais mais uniquement pour toi ! Lorsque tu paies pour obtenir un service à la Clinique, tu dois être heureux d'investir cette

somme pour avoir en retour le service attendu. Lorsque tu viens me voir en thérapie, tu dois être heureux d'investir 50 $ pour ce que je vais te donner en retour : de l'énergie et des outils pour t'aider à atteindre tes objectifs !

Si tu fais tout cela en maugréant que c'est trop coûteux, reste chez toi ! Tu n'apprécies pas ce que je t'offre. Lorsque les gens me demandent combien coûtent les rencontres ou les forfaits de soins, je leur réponds : « Combien crois-tu valoir ? Est-ce qu'il y a un prix pour recouvrer ta santé ? » Lorsque ta voiture est en panne et que le garagiste te dit qu'il en coûtera 500 $ pour la réparer, tu n'hésites pas un seul instant et tu trouves l'argent pour le faire. Lorsque vient le temps d'investir sur toi, tout coûte cher et tu n'as jamais d'argent car au fond tu crois ne pas le valoir ! Les hommes n'investissent pas assez sur eux et les femmes investissent trop. Il faudrait trouver un juste équilibre entre les deux. Il ne faut quand même pas être naïve. Tout est question de priorité. Étrangement, quand tu en auras vraiment assez, l'argent arrivera à point.

Il faut être vraiment positif.

Les gens qui ressentent le besoin de se répéter sans cesse des paroles positives ont un problème de foi : en fait, ils n'y croient pas vraiment sinon, ils affirmeraient une seule fois le résultat qu'ils veulent atteindre et il serait intégré dans leur cœur.

Voici des exemples typiques. Appelons-les *Clients no. 1 et 2*.
Le client no. 1 arrive à la Clinique pour une première rencontre. Il est positif et apprécie vraiment tous ces beaux services. Il est très heureux de me connaître et il sait qu'il est au bon endroit et qu'il atteindra tout ce qu'il désire. Cela prendra le temps qu'il faudra et il en coûtera ce qu'il faudra. Il sait qu'il va y arriver. Ce client ne reste pas longtemps à la Clinique car les résultats se manifesteront très rapidement.
Le client no. 2 pense que les services offerts à la Clinique sont vraiment bien mais espère obtenir des résultats rapidement parce que tout cela coûte cher, quand même ! Il vérifie toujours le prix des services et c'est un véritable fardeau de venir aux traitements.

Tu sais quoi ? Les résultats seront longs à se manifester. Plus il s'attend à des résultats rapides et plus c'est difficile. À chaque année, ce même client revient avec toujours la même histoire qu'il raconte sans se lasser : «C'est long et ça coûte cher !» Un jour, à force de faire du surplace, il finira peut-être par comprendre.

Crois-tu vraiment que ton corps qui a subi des assauts durant des années sera guéri en quelques jours ? Tu n'auras qu'à prendre un supplément alimentaire et, pouf ! tu seras guéri comme par enchantement !

Une personne qui arrive à la Clinique et qui a des rides depuis 15 ans ne verra pas ses rides disparaître en 20 séances de chromadermie. Il faut être persévérant ! Il ne suffit pas de se procurer une crème anti-cellulite pour la faire disparaître en un jour et pour toujours !

Voici un autre exemple. Une femme arrive à la Clinique et a mal au nerf sciatique. Je lui suggère de se procurer des suppositoires pour le nerf sciatique et elle obtient d'excellents résultats. Son amie constate les bienfaits du produit et vient se le procurer mais est étonnée de ne pas obtenir d'aussi bons résultats. « Pourquoi mon amie a-t-elle obtenu du soulagement avec une seule boîte et que pour moi, ça ne fonctionne pas?» me dit-elle !

En fait, son amie avait mal au nerf sciatique depuis une semaine. Quant à elle, son problème de sciatique remontait à cinq années !

Souvent, les gens veulent tout avoir et pour demain. À la *Clinique Santé Alimentation Revivre*, je ne veux pas de clients insatisfaits qui ne font que maugréer et qui n'apprécient pas les services offerts. Je veux des gens qui soient capables de reconnaître et d'apprécier.

72. Que signifie « investir sur soi » ?

Lorsque tu viens en consultation, que ce soit pour libérer des émotions, pour un problème de poids ou pour des malaises physiques, il faut être patient. Cela t'a pris des mois, voire des années à devenir ce que tu es. Il ne faut pas t'attendre à te reconstruire en un jour. Le plus important, c'est de le faire avec ton cœur mais sans le prendre trop à cœur ! Certains de mes clients sont frustrés d'être devenus gros ou agressifs et s'attendent à des résultats immédiats. Quand, après quelques semaines, ils n'ont pas atteint leurs objectifs, ils rejettent la faute sur l'extérieur.

Voici un exemple : Un client qui me consultait depuis quelques mois obtenait d'excellents résultats grâce à ses efforts. Puis, des événements se produisirent dans sa vie : chicane avec sa femme, manque de respect de la part de son fils, problèmes de temps supplémentaire au travail. Il a été envahi par ses problèmes et il s'est oublié ! Il est donc venu à la Clinique et, rempli d'émotions, m'a lancé que mes produits ne valaient rien ! Je lui ai alors dit de tout arrêter : les consultations, les appareils, les produits, tout ! Ce client m'en voulait de ne pas avoir suivi mes recommandations et il manquait d'argent pour se procurer les produits dont il avait besoin. C'était plus facile de se mentir à lui-même et de remettre la faute sur les autres que de s'avouer qu'il avait fait passer les autres avant lui.

Il faut être patient et reconnaissant pour obtenir des résultats. Ce n'est pas le corps qui devrait tout contrôler mais bien la tête qui devrait contrôler votre corps. Le corps représente l'enfant et la tête représente les parents. Si tu ne règles pas ce qui se passe dans ta tête, c'est le corps qui en subira les conséquences (l'enfant).

Les gens en général mettent la faute sur ce qui est extérieur à eux-mêmes car ils ne veulent pas ASSUMER. Plutôt que d'accuser l'efficacité des produits, du plan alimentaire ou des appareils, dites plutôt que vous n'y croyez pas vraiment ou que vous manquez de volonté ou encore que vous manquez d'argent pour investir sur votre santé car vous croyez que vous ne le valez pas vraiment !

73. Qu'est-ce que je pense de l'entraînement ?

J'ai moi-même été entraîneur pendant des années. Mon amoureux également et il a fait de la compétition de culturisme. Aujourd'hui, je pense que ce n'est pas la réalité mais une illusion. C'est un peu comme emprunter une voiture. Lorsque l'entraînement cesse, on revient avec notre véritable voiture, celle du début et peut- être même une moins jolie et moins luxueuse encore. C'est une réalité difficile à accepter. Après avoir roulé en voiture de luxe, tu retournes à ta petite voiture banale.

En fait, les gens devraient amincir et ensuite, de façon équilibrée, ils pourraient s'entraîner deux fois par semaine. Ceux qui vont au gymnase pour amincir ou pour se muscler s'entraînent plus de trois fois par semaine et deviennent complètement déséquilibrés. Ils perdent du poids mais, dès qu'ils retournent à la maison sans entraîneur et sans motivation, ils retrouvent l'ancien modèle et reprennent du poids rapidement. L'extrême, ce n'est pas la vraie vie. Il faut plutôt penser à l'ÉQUILIBRE. Mon mari et moi, depuis que nous avons délaissé l'entraînement, nous avons décidé de faire une discipline au niveau alimentaire puisque 80 à 90 % de notre équilibre part de la nourriture.

Voici notre règle d'or : 8-8-8
8 heures de sommeil, 8 heures de loisirs, 8 heures de travail

Déjeuner, collation, dîner, collation, souper (avant 19h)
5 jours par semaine et à des heures fixes
On fait deux randonnées pédestres par semaine
8 heures de sommeil par jour
8 heures de travail par jour
8 heures de loisirs par jour

Les loisirs peuvent être de faire le lavage, de tondre la pelouse, de se baigner, d'aller magasiner, de se faire bronzer, de marcher, de mettre de la musique, de danser, etc.

La semaine nous sommes très disciplinés à la maison, mais la fin de semaine, c'est le lâcher prise complet. Nous mangeons tout ce dont nous avons envie et à n'importe quelle heure et nous nous couchons à n'importe quelle heure. Voilà l'équilibre : la semaine est disciplinée et la fin de semaine est complètement libre.

74. Combien ça coûte ?

Quelle question ! Moi, je te retourne la question : Combien vaux- tu ?

Quand tu seras prêt, il n'y aura pas de prix pour recouvrer la santé et pour obtenir un corps svelte. Nous sommes tous des Porsches à l'origine. Étant donné que nous ne sommes pas des conducteurs très avisés, nous avons abîmé cette belle voiture. La Porsche (notre corps) est rouillée et le moteur (le cœur) est en piteux état. Remettre notre Porsche en bon état nécessite non seulement de l'argent mais du temps, de l'amour et de la patience.

Quand tu en as vraiment assez, la priorité se manifeste enfin ! Si tu attends d'être en surpoids, il y aura encore plus de travail à faire. La vie t'a donné un moteur (cœur) pour te rendre service et, en retour, tu dois être fier et te respecter.

C'est bien joli de prétendre que tu es riche dans ton cœur mais n'oublie pas que ton apparence est le reflet de ta richesse intérieure. Souvent l'extérieur dit : « Ouf, il y a du travail à faire ! »

75. Qu'est-ce que le « lâcher prise » et comment faire pour y arriver ?

Un jour, voici ce que j'ai décidé de mettre en pratique : Je m'en fous ! Miraculeusement, le « lâcher prise » s'est manifesté dans ma vie. Il suffisait de le ressentir et non seulement de le dire. Voilà la grande différence ! Ce qui ne fonctionnait pas, c'est que je me mentais à moi-même en simulant que ça ne me dérangeait pas. Il fallait dire :

« Ce n'est pas mon problème et je me fous de ce qui se passe à l'extérieur mais je me préoccupe de moi lorsque quelque chose de l'extérieur me dérange ».

Lorsque je propose des défis à mes clients, je leur donne des trucs pour ne pas se NIER dans ce jeu du « lâcher prise ». Les gens autour de nous pensent que nous sommes sans cœur mais de toute manière, ils ne sont jamais satisfaits de ce que nous sommes. Trop sensible, pas assez fort, trop ceci et pas assez cela. Mais qui sont-ils pour juger ? Que chacun s'occupe de lui-même et l'amour inconditionnel pourra enfin se manifester. Mêlez-vous de vos affaires ou, si vous décidez de faire ou de dire quelque chose, assumez-vous et détachez-vous du résultat. Arrêtez de vous soucier de ce que les autres vivent ou pensent. C'est leur vie et pas la vôtre.

Une cliente venait en consultation pour retrouver sa confiance en elle. Un jour, elle arrive en larmes en me disant que son fils se séparait. J'avais plutôt l'impression que c'était elle qui se séparait à nouveau. Elle avait vécu cette situation quelques années auparavant et elle croyait avoir vaincu sa peine et s'en être sortie. La vie est venue lui montrer qu'elle n'avait pas réglé intérieurement cette situation. Si cette femme n'avait pas pris conscience qu'elle pleurait sa propre séparation, la vie aurait continué de lui envoyer des messages par d'autres séparations. Quand je lui ai fait prendre conscience que c'était sa propre séparation qu'elle pleurait et que son deuil n'avait pas été fait, alors la guérison a pu s'effectuer.

On ne peut pas fuir la vie, elle nous rattrape toujours. Tout ce qui t'affecte est une partie de toi qui n'est pas guérie. Tu changes et tu affrontes ou tu crèves. De toute manière, plus tu t'accroches, plus la vie te le reprend et plus tu te détaches, plus la vie te le donne.

Une autre cliente m'a dit un jour que toute sa vie autour d'elle s'effondrait. Sa mère et son père étaient morts, son conjoint voulait la laisser pour une femme plus jeune, elle engraissait et elle n'allait pas bien. Voilà un exemple de quelqu'un qui s'accroche. La vie venait chercher ce à quoi elle s'accrochait pour la faire décrocher. C 'est la vie qui la mettait au pied du mur et qui l'attaquait là où ça faisait le plus mal.

Sache que le « lâcher prise » et la confiance en soi sont des problèmes très courants. Les gens savent qu'ils doivent « lâcher prise » mais ne savent pas comment y arriver. Mon rôle est de leur donner des outils pour le faire afin que les beaux sourires reviennent. Regarde autour de toi, il n'y a plus de VRAIS sourires. Les gens ont perdu la bataille sur le contrôle de leur vie et lorsqu'ils l'ont perdu, ils ont également perdu leur sourire. Cesse de vouloir contrôler ! Je t'entends me dire : « Mais COMMENT faire ? « Quand je te dis comment faire, tu as peur. ESSAIE au lieu de juger !

Lorsque je dis des gros mots, les gens s'arrêtent sur la façon dont je le dis au lieu d'écouter le contenu. Ils m'analysent, se méfient et ils ont peur. Quelle perte de temps ! Quand je dis la vérité aux gens directement et sans hypocrisie, ils se rebutent. La plupart des gens prétendent ne pas aimer les hypocrites et les menteurs, mais ils voudraient que les autres le soient avec eux pour les ménager. Comment voulez-vous vous faire aider si vous reniez votre problème ? Si vous n'êtes pas prêts, restez chez-vous et ne me faites pas perdre mon temps. Je préfère concentrer mes énergies sur ceux qui veulent retrouver la foi et la santé et ceux qui veulent s'aimer, se respecter, s'assumer.

Je suis habituée à ce que les gens soient ébranlés. La plupart du temps, ils reviennent quelques semaines, mois ou années plus tard et me disent : « Là, je suis prêt ». Je comprends qu'ils devaient aller souffrir, faire du surplace, et s'étourdir. Sache une chose : je vous aime tous mais pas votre orgueil !

Maintenant, essaie mon truc : Si tu es préoccupé par un problème, envoie-le se faire foutre ! Puis, constate ce que tu ressens...

Si, par exemple, tu te fais du souci parce que tu ne sais pas comment ton père réagira lorsque tu lui avoueras ton homosexualité, prends une grande respiration, envoie ce problème se faire foutre et imagine le pire qui pourrait arriver. Vas-y ! Ensuite, passe à un autre appel. Ne te pose pas de questions inutiles. TERMINÉ ! Tu assumes, tu te détaches et tu avances ! Si la personne a un problème, elle ira consulter comme tu le fais en lisant mon livre ou en venant me consulter.

ATTENTION ! On ne se fout pas de soi, de nos sentiments ni de nos besoins. Par exemple, si tu prends du poids, tu ne t'en fous pas. Tu dois poser des gestes pour redevenir svelte et retrouver le bon chemin.

Si ton amoureux, tes parents, tes amis te disent que tu fais une connerie en laissant ton emploi, envoies-les se faire foutre et agis comme tu le sens ! Ton amoureux, tes parents et tes amis n'ont aucune idée de ce qui est bon pour toi et surtout, ils ne sont pas dans tes pantalons.

Écoute toujours ton cœur. Lorsque les gens qui t'aiment te donnent des conseils, ils tiennent compte de leurs propres peurs. Ce sont des tests pour te faire douter. Est-ce que tu veux vraiment laisser ton emploi ? Je te dis que tu as le dernier mot.

Comment savoir si vraiment tu t'en fous et que tu ne fais pas semblant ? Si tu ne penses plus à ce qui te préoccupait et que tu n'en parles plus, cela veut dire que tu t'en fous. Par contre, si ladite préoccupation te revient en tête et que tu en parles encore, c'est qu'au fond de toi, tu ne t'en fous pas vraiment.

Témoignages

Je suis arrivée à la Clinique Santé Alimentation Revivre par un beau matin glacial de janvier 2011. C'est la curiosité qui m'y a amenée. J'avais lu certains témoignages de gens qui consultaient Suzie et qui semblaient très satisfaits. Pour ma part, j'avais de nombreux problèmes de santé et j' étais découragée du peu de résultats que j'obtenais avec la médecine traditionnelle et différentes médecines alternatives. C'est Suzie qui m'a accueillie. Elle m'a fait visiter sa Clinique et après avoir discuté quelques instants de mes problèmes de santé, nous avons convenu d'un rendez-vous deux semaines plus tard. Comme pour beaucoup de gens, j'ai été très étonnée de cette première rencontre. Suzie est une personne que je qualifierais de brusque. Elle parle fort, elle est convaincue et n'en a rien à faire que vous soyez de son avis ou non ! Il faut la prendre telle qu'elle est ou pas du tout. Avec Suzie, il n'y a pas de zone grise, c'est noir ou c'est blanc ! Jamais je n'avais rencontré un tel personnage. Au cours de nos entretiens, j'ai ri, j'ai pleuré, j'ai discuté, j'ai contesté, j'ai argumenté et, j'ai fait des découvertes surprenantes sur moi-même. À mon grand étonnement, j'ai ressenti une certaine amélioration de mon état de santé en suivant ses conseils même s'ils me semblaient parfois farfelus. Je l'ai surnommée amicalement « ma sorcière bien-aimée » ! Je suis très sceptique par nature même si Suzie me dit que je suis la plus « croyante » de ses patientes. Parfois, suite à nos discussions, j'en ai pour deux ou trois semaines à ruminer, à l'intérieur de moi, tout ce que nous avons échangé. Je pèse et j' évalue. Une chose est certaine, elle m'a amenée à faire une profonde réflexion sur ma vie, mes priorités et, surtout, sur ma façon d'aborder les choses en général. Sa vision de la vie est tellement simple qu'elle en est désarmante ! Je ne suis pas toujours en accord avec tout ce que dit Suzie mais je continue de la voir régulièrement parce qu'elle me fait du bien. Au fil de nos rencontres, je me rends compte que ses enseignements ont une emprise très positive sur moi. Je vis mieux depuis que je connais Suzie et ça, c'est déjà extraordinaire ! Merci Suzie de me laisser prendre le temps dont j'ai besoin pour cheminer et de m'accueillir les bras grands ouverts chaque fois que j'ai besoin de tes précieux conseils.

Sylvie B.

Suzie, tu fais partie de ma vie depuis maintenant près de trois ans et nous nous voyons de façon très régulière. J'ai eu la chance de voir ton évolution et tu m'as montré que nous devons croire en nos rêves.

Quand je t'ai rencontrée, j'étais en état de survie. J'avais peur d'avoir peur, je vivais totalement pour les autres, j'étais mal dans ma peau, toujours « cassée » financièrement. J'avais de la difficulté à manger ce que je voulais car tout me donnait des flatulences, j'avais de gros « up and down » émotifs et un énorme besoin d'être aimée par les autres. Surtout, j'étais célibataire depuis un sacré bout de temps. Une amie avec qui je partageais mon besoin d'évolution m'avait parlé de toi. « Va voir cette fille-là, son approche se démarque beaucoup des autres », m'avait-elle dit. Et, en effet, juste au téléphone, tu as piqué ma curiosité en me rentrant dedans « bang », en me disant que j'étais parano et maniaco-dépressive... Je t'ai trouvée tellement frappante que je suis alllée te voir et depuis, ma vie a complètement changé. Depuis ce jour, je suis à rebâtir ma maison au grand complet. Ensemble, nous avons regardé et inspecté tous les petits coins de mon coeur. J'ai dû commencer par faire le deuil de mon père (ouf, quel travail !), me retrouver, refaire ma confiance, honorer ma personnalité et surtout, m'aimer.

Que de questions avons-nous éclaircies ensemble durant des rencontres remplies d'émotions ? Admettons que j'en ai crié et pleuré un coup. Je partage maintenant ma vie avec un homme magnifique. Je suis de plus en plus dans l'abondance, mon corps devient celui d'une femme bien dans sa peau, je m'affirme et m'assume de plus en plus. La vraie définition de se choisir, je l'ai analysée, travaillée, expérimentée, comprise et, enfin, je la savoure de jour en jour dans l'harmonie de la vie. Aussi, j'ai eu le bonheur de partager avec toi cette belle aventure que l'écriture de ce livre. Mille mercis. Tu es une personne extraordinaire qui se doit d'être rencontrée et connue à sa juste valeur. Les gens doivent faire la distinction entre Suzie notre miroir et Suzie la femme. Je souhaite de tout mon cœur que ce livre puisse donner aux gens le goût de se choisir. La recherche de notre ARMAGEDON c'est le travail d'une vie, ça c'est certain, sauf que lorsque notre vie est de plus en plus comme on le veut, c'est de plus en plus facile et plaisant de la VIVRE. Je me dis d'abord merci et je te «rereremercie» d'avoir cru en moi et d'avoir été aussi persévérante.

Je suis Jordan, le plus jeune fils de Suzie et je suis âgé de 12 ans. Je veux féliciter ma mère pour l'exploit d'avoir écrit ce livre. Cela fait maintenant 2 ans qu'elle y travaille. Bravo Maman !

Ensuite, je veux remercier ma mère d'être dans ma vie, d'être son fils. Quand je regarde les parents de mes amis, je me dis que je suis chanceux d'avoir cette mère-là ! Tout ça pour te dire, Maman, de continuer d'être qui tu es et tu verras tout ce que la vie t'offrira.

Jordan Cloutier

Mon nom est Joey, je suis le fils aîné de Suzie. J'ai maintenant 18 ans. Tout d'abord, je tiens à dire que je suis très fier d'avoir une mère comme Suzie. J'ai dû traverser beaucoup d'épreuves dans la vie, et je les ai traversées avec une grande facilité grâce aux conseils de ma mère. Elle m'a apporté beaucoup de belles qualités et des valeurs extraordinaires que peu de gens ont à mon âge et je l'apprécie beaucoup ! Je lui souhaite de réussir car elle le mérite et je souhaite à tout ceux qui ne la connaissent pas de la rencontrer afin de changer leur vie pour le meilleur !

Joey Cloutier

Mon nom est David Rouleau, je suis l'amoureux de ma princesse Suzie depuis maintenant 10 ans. Premièrement, Princesse, je te félicite pour l'accomplissement de ce livre sur lequel tu as travaillé avec tant d'ardeur et de détermination. Tu y as consacré beaucoup de temps mais surtout, tu y as mis ton cœur. BRAVO ! Deuxièmement, Princesse, je te remercie de faire partie de ma vie. Tu as su au fil des ans, avec beaucoup de patience, me fournir les « outils » nécessaires afin que je puisse travailler sur mon intérieur et découvrir qui je suis vraiment. Grâce à toi, je me sens un homme meilleur. Comme je t'ai déjà dit « Tu es ma fourchette et moi, ton steak. Tu me piques pour m'attendrir ».

Joëlle Genois

Troisièmement, Princesse, depuis 10 ans que je te connais, tu es toujours la même. Tu m'aimes d'un amour inconditionnel, comme je suis, tu ne cherches pas à me changer. Rien ne te dérange, tu prends tout à la légère, tu as une super attitude ! Tu es spontanée, authentique, de bonne humeur, tu ne te plains jamais, tu apprécies tout. Tu déranges beaucoup mais tu fais grandir tous les gens sur ton passage. Tu as toujours un message à envoyer. Tu n'es vraiment pas une femme compliquée. Si toutes les femmes étaient comme toi, les hommes seraient comblés. Je suis fier car c'est moi qui ai cette femme dans ma vie.

Je t'aime énormément. XXX

David Rouleau

Remerciements

Mes premiers remerciements s'adressent à tous ceux qui m'ont aidée dans mon cheminement personnel et professionnel. Je suis très reconnaissante envers ces êtres extraordinaires que la vie a placé sur ma route.

MERCI à mes parents qui m'ont donné la vie. La tristesse ressentie face à leur manque d'identité m'a forcée à devenir ce que je suis et à renoncer à un bagage qui ne m'appartenait pas. Je vous souhaite bonne route. Je remercie ma famille qui, par leur jalousie, m'a fait douter de la merveilleuse personne que je suis. J'accepte de vous aimer tels que vous êtes. Si un jour, vous avez besoin de moi, je serai là. Pour ma part, je dis un gros « OUI » à la vie et c'est en la savourant que je vous démontre ma reconnaissance.

MERCI à mon âme sœur et amoureux David Rouleau qui m'a accompagnée dans mon cheminement et qui évolue avec moi. Il m'a toujours encouragée à exploiter mon plein potentiel et m'a continuellement fait confiance en croyant en moi.

MERCI à mes deux enfants extraordinaires, Joey et Jordan.

Joey est un enfant généreux, sensible et toujours à l'écoute. Un ange calmeet rempli d'amour qui me dit : « Fais ce que tu aimes pour être heureuse Maman ». Quelle sagesse !

Jordan, quant à lui, m'a donné tous les outils nécessaires à ma guérison personnelle. Il a été mon miroir en trois dimensions. Merci petit ange d'avoir été là et d'être toujours là pour me guider et me montrer le chemin.

MERCI à Michel Roy, mon coach de vie de l'époque, qui a joué le rôle de mon père afin de me guérir de la peur des hommes. Avec toi Michel, j'ai découvert que les hommes étaient tous extraordinaires. Tu m'as aidée à m'ouvrir et à m'éveiller. Tu es une personne merveilleuse et tu m'as offert le plus beau cadeau de ma vie, celui de ME CHOISIR.

MERCI à mon équipe qui m'assiste et contribue au succès de la *Clinique Santé Alimentation Revivre.*

Celles qui vous accueillent et prennent soin de vous, Catherine et Mélissa Boily, deux clientes qui sont devenues mes adjointes et qui évoluent à la Clinique. Des véritables cœurs en OR.

Jean-François Lanoue, pour la conception et la gestion de mon site Internet www.alimentation-revivre.com En plus d'avoir un cœur en or, il est toujours là pour moi quand j'en ai besoin.

Donald Lachance pour la production de tout mon matériel publicitaire. Une personne remplie d'amour, calme et minutieuse.

Jacques Bourque, mon comptable, qui a toujours un mot positif pour moi.

Lucie Gosselin, Sylvain Morand, Éric Ehouarne et André Labrie des laboratoires de produits naturels. À partir de mes formules personnalisées, ils fabriquent mes propres produits naturels qui sont offerts à la *Clinique Santé Alimentation Revivre.* Des produits en lesquels j'ai une confiance absolue et qui sont mes meilleurs outils de travail.

Nancy Bergeron pour ses massages de tête magiques.

J'adresse également mes remerciements particuliers à Joëlle Genois et Sylvie Bouchard pour la rédaction de ce livre. Elles ont corrigé, simplifié et expliqué les mots que j'avais pour vous.

Tous ces gens ont un point en commun : ils croient en moi et m'aiment telle que je suis.

Le plus important MERCI est celui que j'adresse à toutes les personnes qui m'ont permis d'arriver où je suis aujourd'hui, soit ma DISTINGUÉE CLIENTÈLE. Vous m'encouragez par votre évolution, vous me faites confiance, vous m'écoutez et vous grandissez. Vous êtes une famille d'amour pour moi car vous vous choisissez !

Je vous apprécie et vous remercie du fond du cœur d'avoir cru en ce rêve d'aider le plus de gens possible maintenant matérialisé à travers ce livre. Ce n'est qu'un début, l'aventure ne fait que commencer et je sais que vous en faites déjà partie.

FSC
www.fsc.org
MIX
Papier | Fördert
gute Waldnutzung
FSC® C083411

Kolibri 360 GmbH
Ferdinand-Jühlke-Straße 7
99095 Erfurt, Deutschland
produktsicherheit@kolibri360.de

Druck:
CPI Druckdienstleistungen GmbH
im Auftrag der
Kolibri 360 GmbH
Ferdinand-Jühlke-Str. 7
99095 Erfurt